U1018862

江苏省高级人民法院
公 报

GAZETTE OF THE HIGHER PEOPLE'S COURT OF JIANGSU PROVINCE

江苏省高级人民法院 编

法 律 出 版 社

——北 京——

图书在版编目(CIP)数据

江苏省高级人民法院公报. 2021年. 第4辑：总第76辑 / 江苏省高级人民法院编. -- 北京：法律出版社，2022

ISBN 978-7-5197-6436-4

Ⅰ. ①江… Ⅱ. ①江… Ⅲ. ①法院-文件-汇编-江苏-2021 Ⅳ. ①D926.229

中国版本图书馆CIP数据核字(2022)第026315号

江苏省高级人民法院公报
(2021年第4辑:总第76辑)
JIANGSUSHENG GAOJI RENMIN FAYUAN GONGBAO
(2021 NIAN DI-4 JI:ZONG DI-76 JI)

江苏省高级人民法院 编

责任编辑 冯高琼
装帧设计 汪奇峰 贾丹丹

出版发行 法律出版社
编辑统筹 法规出版分社
责任校对 张红蕊
责任印制 耿润瑜
经　　销 新华书店

开本 A4
印张 4.75 **字数** 96千
版本 2022年2月第1版
印次 2022年2月第1次印刷
印刷 三河市兴达印务有限公司

地址:北京市丰台区莲花池西里7号(100073)
网址:www.lawpress.com.cn
投稿邮箱:info@lawpress.com.cn
举报盗版邮箱:jbwq@lawpress.com.cn
销售电话:010-83938349
客服电话:010-83938350
咨询电话:010-63939796

书号:ISBN 978-7-5197-6436-4
定价:15.00元

凡购买本社图书,如有印装错误,我社负责退换。电话:010-83938349

江苏省高级人民法院公报

2021 年第 4 辑(总第 76 辑)

司法文件

江苏省高级人民法院侵犯商业秘密民事纠纷案件审理指南(修订版) …………………… (1)

江苏省高级人民法院审理国家赔偿案件规则 ………………………………………………… (22)

江苏省高级人民法院审查类执行监督案件办理程序指南 ………………………………… (24)

参阅案例

王海兵诉李玉明、浙商财保惠民支公司机动车交通事故责任纠纷案 ……………………… (30)

江苏苏醇酒业有限公司及关联公司实质合并破产重整案 ………………………………… (37)

张建华诉海安市人民政府房屋征收补偿决定案 ……………………………………… (41)

左勇、徐鹤污染环境刑事附带民事公益诉讼案 ………………………………………… (50)

裁判文书

孟洋洋交通肇事案 ……………………………………………………………………………… (60)

江苏省高级人民法院
侵犯商业秘密民事纠纷案件审理指南(修订版)

(江苏省高级人民法院审判委员会会议纪要〔2021〕2号)

《侵犯商业秘密民事纠纷案件审理指南》自2011年发布以来,对统一全省法院侵犯商业秘密民事纠纷案件的审理思路,提高审判水平,发挥了重要作用。随着经济社会和科学技术的发展,新型智力成果不断涌现,商业模式不断更新,侵犯商业秘密的方式愈加隐蔽、复杂,侵权更加难以判断。《中华人民共和国反不正当竞争法》先后于2017年修订、2019年修正,《最高人民法院关于审理侵犯商业秘密民事案件适用法律若干问题的规定》也于2020年发布施行。为正确审理侵犯商业秘密民事纠纷案件,进一步加强对商业秘密的保护,根据新的法律法规、司法解释,结合全省法院知识产权审判工作实际,修订本指南。

第一部分　侵犯商业秘密民事纠纷案件审理概述

1.1　基本情况

侵犯商业秘密民事纠纷主要分为侵犯经营信息纠纷、侵犯技术信息纠纷及侵犯其他商业信息纠纷。引发诉讼的原因一般是行为人不正当地获取、披露、使用或允许他人使用商业秘密。例如,企业员工跳槽至其他企业,员工自己或近亲属另行设立企业并泄露、使用原企业商业秘密;因合同关系知悉相对人商业秘密后,违反保密条款约定侵犯商业秘密等。诉讼中,原告的诉讼主张一般包括请求确认其主张的信息构成商业秘密、请求被告停止侵权并赔偿损失等。被告抗辩的理由一般包括原告主张的信息不构成商业秘密、原告无权就该商业秘密主张权利、被告未实施侵权行为、原告主张的赔偿数额缺乏依据等。

1.2　审理思路概述

侵犯商业秘密民事纠纷案件一般遵循逐段审理的思路:

第一步:在原告明确其主张的商业秘密内容的前提下,审查和认定原告是否有权就该内容主张权利、该内容是否符合商业秘密构成要件,以及被告的抗辩理由;

第二步:在商业秘密成立且原告有权主张权利的前提下,审查和认定侵权是否成立,以及被告不侵权的抗辩理由;

第三步:在被告侵权成立的情况下,审

查和认定被告应当承担的民事责任。

需要指出的是，根据《中华人民共和国反不正当竞争法》第三十二条规定，在原告提供初步证据，证明其已经对所主张的商业秘密采取保密措施，被告侵权可能性较大的，应当由被告举证证明原告主张的信息不构成商业秘密、被告不存在侵犯商业秘密的行为。在审理过程中，应当综合案件事实，合理确定原告提供初步证据的证明标准，降低原告的举证难度，及时运用举证责任转移，解决原告维权难、审理难、周期长等问题。同时，如果根据原告提供的现有证据，侵权明显不成立的，也可以直接驳回原告的诉讼请求，无需按照上述一般思路审理。

1.3 援引的主要法律规定

《中华人民共和国民法典》、《中华人民共和国反不正当竞争法》（以下简称《反不正当竞争法》）、《中华人民共和国公司法》、《中华人民共和国民事诉讼法》（2017年修正）（以下简称《民事诉讼法》）、《最高人民法院关于审理不正当竞争民事案件应用法律若干问题的解释》（以下简称《反不正当竞争法司法解释》）、《最高人民法院关于审理侵犯商业秘密民事案件适用法律若干问题的规定》（以下简称《侵犯商业秘密民事案件司法解释》）、《最高人民法院关于民事诉讼证据的若干规定》（以下简称《民事证据规定》）、《最高人民法院关于知识产权民事诉讼证据的若干规定》（以下简称《知识产权证据规定》）、《最高人民法院关于审查知识产权纠纷行为保全案件适用法律若干问题的规定》等。

1.4 原告的主体资格

原告是商业秘密的权利人或利害关系人，以下统称为原告。

权利人是技术秘密和经营秘密的开发者，或者受让人、继承人、权利义务的承继者等。

利害关系人一般为商业秘密的被许可人，具有下列情形之一的，被许可人具备原告诉讼主体资格：

（1）商业秘密独占使用许可合同的被许可人可以单独作为原告提起诉讼；

（2）排他使用许可合同的被许可人可以和权利人共同提起诉讼，或者在权利人不起诉的情况下自行提起诉讼；

（3）普通使用许可合同的被许可人可以和权利人共同提起诉讼，或者经权利人书面授权单独提起诉讼。

如果使用许可合同对许可方式没有约定或者约定不明确，应当视为普通使用许可。

前述“权利人不起诉”包括权利人明示放弃起诉；被许可人有证据证明其已告知权利人或者权利人已知道有侵权行为发生而仍不起诉的情形。前述“权利人明确授权”，包括在许可合同中明确授权和在合同之外另行出具授权书两种情况，不能仅以使用许可合同中没有明确授权即驳回被许可人的起诉。

第二部分 商业秘密的审查和认定

2.1 审查和认定商业秘密的基本步骤

第一步：原告在法院指定期限内（一

审法庭辩论结束前)明确其主张商业秘密保护的信息的具体内容,提交足以反映其主张商业秘密的图纸、光盘、文件等证据。

第二步:原、被告围绕原告主张的商业秘密是否符合“不为公众所知悉、具有商业价值,并经权利人采取相应保密措施”法定构成要件进行举证、质证。

第三步:审查和认定原告请求保护的信息是否构成商业秘密。

2.2 商业秘密的类型

商业秘密包括技术信息、经营信息以及其他商业信息。

技术信息主要包括与技术有关的结构、原料、组分、配方、材料、样品、样式、植物新品种繁殖材料、工艺、方法或其步骤、算法、数据、计算机程序及其有关文档等信息。

经营信息主要包括与经营活动有关的创意、管理、销售、财务、计划、样本、招投标材料、客户信息、数据等信息。

其他商业信息是指符合商业秘密构成要件,除技术信息、经营信息以外的商业信息。

2.3 商业秘密范围的确定

商业秘密案件审理中,原告必须先行明确其主张商业秘密保护的范围,并提交相应证据。很多情况下,原告出于尽量扩大保护范围的需要,或者对法律规定、涉案技术背景不熟悉等原因,往往在起诉时会主张一个较为抽象、宽泛的商业秘密范围,可能会包括一些为公众所知悉的信息。因此,在案件审理中要加强对原告的释明,尽量引导原告合理确定商业秘密范围。通常情况下,保护范围的确定过程相对复杂且当事人争议较大,一般需要经过多次释明和举证、质证才能最终确定。原告拒绝或无法明确其主张商业秘密保护的信息具体内容的,可以驳回起诉。

2.3.1 原告对技术信息保护范围的确定

原告主张有关技术信息构成商业秘密的,应当明确构成技术秘密的具体内容,并将其与公众所知悉的信息予以区分和说明。如原告主张设计图纸或生产工艺构成技术秘密的,应当具体指出设计图纸或生产工艺中的哪些内容、环节、步骤构成技术秘密。原告坚持其主张的技术信息全部构成商业秘密的,应当要求其明确该技术秘密的具体构成、具体理由等。

2.3.2 原告对经营信息保护范围的确定

原告主张经营信息构成商业秘密的,应当明确指出构成商业秘密信息的具体内容,并说明该内容与公众所知悉信息的区别。

审判实践中,涉及“客户信息”商业秘密案件的审理难度较大。随着信息网络技术的发展,检索、搜集特定客户信息的难度已显著降低。《侵犯商业秘密民事案件司法解释》中已不再使用“客户名单”的表述,而是使用“客户信息”,该信息包括客户的名称、地址、联系方式以及交易习惯、意向、内容等信息。如原告主张其经营信息构成客户信息,应当明确其通过商业谈判、长期交易等获得的独特内容(譬如交易习惯、客户的独特需求、特定需求或供货时间、价格底线等),而不能笼统地称“××客户”构成客户信息,避免将公众所知悉的信息纳入商业秘密保护范围。

2.3.3 原告明确商业秘密内容的期限要求

一审法院应当要求原告在一审法庭辩论结束前明确所主张的商业秘密具体内容。仅能明确部分的,对该明确的部分内容进行审理与认定。

二审中,原审原告另行主张其在一审中未明确的商业秘密具体内容的,二审法院可以根据当事人自愿的原则就与该商业秘密具体内容有关的诉讼请求进行调解;调解不成的,告知原审原告另行起诉,双方当事人均同意由二审法院一并审理的,二审法院可以一并裁判。

2.4 商业秘密的构成要件

确定一项商业信息是否符合商业秘密的构成要件,主要依据《反不正当竞争法》第九条第四款、《侵犯商业秘密民事案件司法解释》第三、四、五、六、七条等规定内容,审查该信息是否在被诉侵权行为发生时“不为公众所知悉”,是否具有“商业价值”,被诉侵权行为发生以前是否采取了必要的“保密措施”,具备以上全部要件的,应当认定原告主张的信息构成商业秘密。

需要注意的是,商业秘密只是某种信息,而不是载体,因此应当将某种信息认定为商业秘密,而不能将承载该信息的载体认定为商业秘密。如化合物为公众所知悉,其本身可能是商业秘密的载体,而不可能成为商业秘密的保护对象,可以作为商业秘密保护的只能是该物质的配方、制造、加工或者储藏的工艺等。

2.5 认定不为公众所知悉的原则及方法

2.5.1 总体原则

不为公众所知悉,是指商业秘密中的秘密性要件,总体上应当以“权利人请求保护的信息在被诉侵权行为发生时不为所属领域的相关人员普遍知悉和容易获得”为审查标准。对该要件的审查有时需要结合原告采取的保密措施进行认定。

2.5.2 技术信息秘密性的认定方法

如果技术信息涉及的专业知识相对复杂,可以通过技术专家、技术调查官或者其他有专门知识的人提供专业意见,必要时可以通过技术鉴定等手段辅助解决技术事实认定问题。

2.5.3 客户信息秘密性的认定方法

认定客户信息秘密性的基本标准可以归纳为客户信息的特有性以及获取客户信息的难易程度。一般应当注意审查以下几个方面:

(1)原告应当提供其与客户发生交易的相关证据。比如合同、款项往来凭证等。一般而言,原告所主张的客户应当与其具备相对稳定的交易关系,而不是一次性、偶然性交易的客户。但是,当事人仅以与特定客户保持长期稳定交易关系为由,而未明确其通过交易获知特定客户信息内容,其主张该特定客户信息属于商业秘密的，不予支持。例外的情形是：原告通过付出一定代价建立起的潜在客户信息，可能给原告带来一定的竞争优势，因此不宜以未存在交易而否定其商业秘密属性，而应当根据客户信息认定规则综合认定；

(2)原告应当证明其为开发客户信息付出一定的劳动、金钱和努力；

(3)原告应当证明客户信息的特有性。即与为公众所知悉的信息的区别。对于尽管不熟悉情况的人可能不会快捷地获得，但仍然可以通过正常渠道获得的信息，一般不能认定为商业秘密。与此对应，产品出厂价格、年订购的数量底线以及双方特定的交易需求、利润空间则很有可能被认定为商业秘密。在中国青年旅行社诉中国旅行总社侵犯商业秘密民事纠纷一案中，最高人民法院认为，“原告拥有的客户档案并不仅仅是国外旅行社的地址、电话等一般资料的记载，同时还包括双方对旅游团的来华时间、旅游景点、住宿标准、价格等具体事项的协商和确认，为其独占和正在进行的旅游业务，符合不为公众所知悉要件”；

(4)侵权手段愈特殊，客户信息具备秘密性的可能性则愈大。如采用窃听电话、入室盗窃等手段获得客户信息的，该信息被认定为商业秘密的概率会大大增加。

2.6 保密措施的认定原则

原告为防止商业秘密泄露，在被诉侵权行为发生以前所采取的合理保密措施，应当认定为《反不正当竞争法》第九条第四款所称的相应保密措施。

法院应当根据商业秘密及其载体的性质、存在形态、商业秘密的商业价值、保密措施的可识别程度、保密措施与商业秘密的对应程度以及原告的保密意愿等因素，认定原告是否采取了相应保密措施。

保密措施的合理性审查可以参考以下因素：

(1)有效性：原告所采取的保密措施要与被保密的客体相适应，以他人不采取不正当手段或不违反约定就难以获得为标准。

(2)可识别性：原告采取的保密措施，在通常情况下足以使相对人意识到该信息是需要保密的信息。

(3)适当性：保密措施应当与该信息自身需要采取何种程度的保密措施即可达到保密要求相适应。这需要根据案件具体情况具体判别。通常情况下，适当性原则并非要求保密措施万无一失。

对于原告在信息形成一段时间以后才采取保密措施的，应当结合具体案情从严掌握审查标准，如无相反证据证明该信息已经泄露，可以认定保密措施成立。

具有下列情形之一，在正常情况下足以防止商业秘密泄露的，应当认定原告采取了相应保密措施：

(1)签订保密协议或者在合同中约定保密义务的；

(2)通过章程、培训、规章制度、书面告知等方式，对能够接触、获取商业秘密的员工、前员工、供应商、客户、来访者等提出保密要求的；

(3)对涉密的厂房、车间等生产经营场所限制来访者或者进行区分管理的；

(4)以标记、分类、隔离、加密、封存、限制能够接触或者获取的人员范围等方式，对商业秘密及其载体进行区分和管理的；

(5)对能够接触、获取商业秘密的计算机设备、电子设备、网络设备、存储设备、软件等，采取禁止或者限制使用、访问、存储、复制等措施的；

(6)要求离职员工登记、返还、清除、销毁其接触或者获取的商业秘密及其载体，继续承担保密义务的；

(7)采取其他合理保密措施的。

2.7 价值性的认定原则

原告请求保护的信息因不为公众所知悉而具有现实或者潜在的商业价值，能为其带来竞争优势，经审查可以认定为《反不正当竞争法》第九条第四款所称的具有商业价值。

生产经营活动中形成的阶段性成果符合前款规定的，法院经审查可以认定具有商业价值。

2.8 商业秘密构成的证明

2.8.1 原告的举证责任

原告对其拥有的信息构成商业秘密负有举证责任。根据《反不正当竞争法司法解释》第十四条规定，原告主张其拥有商业秘密的，一般应当举证证明以下两点：一是原告对其主张的信息享有权利；二是该信息符合商业秘密的法定要件，具体证据包括商业秘密的载体、具体内容、商业价值和对该项商业秘密采取的具体保密措施等。鉴于“不为公众所知悉”这一要件属于消极事实，原告对此举证难度较大，一般而言，原告可以说明其主张的信息与为公众所知悉的信息的区别，或者提供鉴定书、检索报告证明其请求保护的信息不为公众所知悉。

根据《反不正当竞争法》第三十二条规定，如原告提供初步证据，证明其已经对所主张的商业秘密采取保密措施，且被告侵犯商业秘密的可能性较大的，由被告证明原告主张的信息不是商业秘密。“被告侵犯商业秘密的可能性较大”可以通过以下方式证明：

(1)有证据表明被告有渠道或者机会获取原告请求保护的商业秘密，且其使用的信息与原告请求保护的商业秘密实质上相同；

(2)有证据表明被告对原告请求保护的商业秘密实施了《反不正当竞争法》第九条所规定的不正当手段；

(3)其他证据表明被告侵犯原告请求保护的商业秘密可能性较大的。

2.8.2 被告的反驳与证明

原告完成上述举证责任后，被告可以提供证据反驳原告对其主张的信息不享有权利，或相关信息不是商业秘密。如该信息已为公众所知悉，原告未采取保密措施，相关信息不具有商业价值等。

被告提供证据证明存在下列情形之一的，可以认定有关信息为公众所知悉：

（1）该信息在所属领域属于一般常识或者行业惯例的；

（2）该信息仅涉及产品的尺寸、结构、材料、部件的简单组合等内容，所属领域的相关人员通过观察上市产品即可直接获得的；

（3）该信息已经在公开出版物或者其他媒体上公开披露的；

（4）该信息已通过公开的报告会、展览等方式公开的；

（5）所属领域的相关人员从其他公开渠道可以获得该信息的。

需要注意：（1）将为公众所知悉的信息进行整理、改进、加工后形成的新信息，符合不为公众所知悉标准与条件的，应当认定该新信息不为公众所知悉。（2）专利审查员、药品审查机构人员等政府职能部门工作人员在履行专利、药品等审批而知悉商业秘密的，不视为丧失秘密性。

第三部分　侵犯商业秘密行为的审查和认定

3.1　侵犯商业秘密行为构成的一般原则

被告不正当地获取、披露、使用或允许他人使用了原告的商业秘密；被告获取、披露、使用或允许他人使用的信息与原告商业秘密相同或实质性相同。

3.2　侵权行为的基本类型及主体范围

根据《反不正当竞争法》第九条及相关法律、司法解释规定，侵犯商业秘密行为主要表现为以下形式：

（1）以盗窃、贿赂、欺诈、胁迫、电子侵入或者其他不正当手段获取原告的商业秘密。

一般而言，被告以违反法律规定或者公认的商业道德的方式获取原告的商业秘密的，法院应当认定属于以其他不正当手段获取原告的商业秘密。

（2）披露、使用或者允许他人使用以不正当手段获取的原告的商业秘密。

被告在生产经营活动中直接使用商业秘密，或者对商业秘密进行修改、改进后使用，或者根据商业秘密调整、优化、改进有关生产经营活动的，法院应当认定属于使用商业秘密。

（3）违反保密义务或者违反原告有关保守商业秘密的要求，披露、使用或者允许他人使用其所掌握的商业秘密。

（4）教唆、引诱、帮助他人违反保密义务或者违反原告有关保守商业秘密的要求，获取、披露、使用或者允许他人使用原告的商业秘密。

（5）第三人明知或者应知原告的员工、前员工或者其他单位、个人以盗窃、贿赂等不正当手段获取原告的商业秘密，仍获取、披露、使用或者允许他人使用该商业秘密。

3.3　关于保密义务的审查与认定

负有保密义务的主体比较宽泛，根据法律规定或者合同约定负有保密义务的当事人自然应当承担保密义务。对于虽未在合同中约定保密义务，但根据诚信原则以及合同的性质、目的、缔约过程、交易习惯等，知道或者应当知道其获取的信息属于原告商业秘密的被诉侵权人，应当对其获取的商业秘密承担保密义务，包括有渠道或机会获取商业秘密的原告员工、前员工、交易相对人以及其他单位或个人。

认定员工、前员工是否有渠道或者机会获取原告的商业秘密，可以考虑与其有关的下列因素：

(1)职务、职责、权限；

(2)承担的本职工作或者单位分配的任务；

(3)参与和商业秘密有关的生产经营活动的具体情形；

(4)是否保管、使用、存储、复制、控制或者以其他方式接触、获取商业秘密及其载体；

(5)需要考虑的其他因素。

3.4 实质性相同的审查与认定

被诉侵权信息与商业秘密不存在实质性区别的，可以认定被诉侵权信息与商业秘密构成实质性相同。在认定是否构成实质性相同时，可以考虑下列因素：

(1)被诉侵权信息与商业秘密的异同程度；

(2)所属领域的相关人员在被诉侵权行为发生时是否容易想到被诉侵权信息与商业秘密的区别；

(3)被诉侵权信息与商业秘密的用途、使用方式、目的、效果等是否具有实质性差异；

(4)公有领域中与商业秘密相关信息的情况；

(5)需要考虑的其他因素。

3.5 侵权行为举证责任的转移

由于商业秘密本身具有秘密属性，侵权行为一般具有秘密、隐蔽的特点。原告要举出直接证据证明被告实施了侵权行为非常困难，因此可以合理运用举证责任转移，适当降低原告的举证难度。依据《反不正当竞争法》第三十二条第二款规定，原告提供初步证据合理表明商业秘密被侵犯，且提供以下证据之一的，被告应当证明其不存在侵犯商业秘密的行为：(1)有证据表明被告有渠道或者机会获取商业秘密，且其使用的信息与该商业秘密实质上相同；(2)有证据表明商业秘密已经被被告披露、使用或者有被披露、使用的风险；(3)有其他证据表明商业秘密被被告侵犯。

3.6 被告常用抗辩理由的审查

审判实践中，当原告的举证责任满足后，被告往往会采取以下抗辩：

3.6.1 自行开发研制

被告主张其使用的技术信息或经营信息系其自行开发形成。对此，被告需提供充足证据予以证明。

3.6.2 反向工程

反向工程抗辩主要适用于技术信息，指被告抗辩其通过技术手段对公开渠道取得的产品进行拆卸、测绘、分析而获得该产品的有关技术信息。对此，被告需提供证据予以证明。反向工程产生两个法律效果:一是被告不构成侵权;二是反向工程并不意味着该商业秘密丧失秘密性。需要注意:(1)被告以不正当手段知悉了原告商业秘密之后,又以反向工程为由主张其行为合法的,不予支持。(2)法律、行政法规对某类客体明确禁止反向工程的,被告的抗辩不能成立。

3.6.3 个人信赖

这是侵犯客户信息纠纷中被告可能采取的一种抗辩,即客户基于对员工个人的信赖而与该员工所在单位进行交易,该员工离职后,能够证明客户自愿选择与该员工或者该员工所在的新单位进行交易的,法院应当认定该员工没有采用不正当手段获取原告的商业秘密。适用该条规定时,应当注意以下三点:

(1)该种抗辩的适用一般发生在医疗、法律服务等较为强调个人技能的行业领域;

(2)该客户是基于与原告员工之间的特殊信赖关系与原告发生交易,即客户是基于该员工才与原告发生交易。如果员工是利用原告所提供的物质条件、商业信誉、交易平台等,才获得与客户交易机会的,则不应当适用本条规定;

(3)该员工从原告处离职后,客户系自愿与该员工或其所属新单位发生交易。

3.6.4 生存权利

员工在单位工作过程中掌握和积累的与其所从事的工作有关的知识、经验和技能,为其生存基础性要素。要注意将该知识、经验和技能与单位的商业秘密相区分。具体审查时,需注意:

(1)员工在职期间掌握和积累的知识、经验、技能是否属于商业秘密,应当根据案件情况依法确定。

(2)员工所掌握的知识、经验、技能中属于单位商业秘密内容的,员工不得违反保密义务,擅自披露、使用或者允许他人使用其商业秘密,否则应当认定构成侵权。

第四部分 民事责任承担

4.1 民事责任范围

侵犯商业秘密民事纠纷案件的民事责任主要包括停止侵权即不得披露、使用或允许他人使用其接触或获取的商业秘密,赔偿损失,以及销毁或返还侵权载体等。由于此类侵权行为一般不会导致原告商誉损害,因此对于原告要求被告赔礼道歉的诉讼主张一般不应当支持。

4.2 停止侵权责任的适用

在对侵犯商业秘密适用停止侵权责任时,停止侵权的时间一般应当持续到该商业秘密已为公众所知悉时为止。判决停止侵权的持续时间明显不合理的,可以在依法保护原告商业秘密竞争优势的情况下,判决侵权人在一定合理期限或者范围内停止侵权行为。

4.3 侵权物品的处置

原告请求判决侵权人返还或者销毁商业秘密载体,清除其控制的商业秘密信息的,一般应当予以准许。但销毁侵权载体会损害社会公共利益,或者销毁侵权载体不具有可执行性等情形的除外。

4.4 赔偿损失

4.4.1 总体原则

（1）计算损失额的一般方法。赔偿数额按照原告因被侵权所受到的实际损失确定，实际损失难以计算的，按照被告因侵权所获得的利益确定。

（2）因侵权行为导致商业秘密为公众所知悉的损失额的计算。此时，可以考虑商业秘密的商业价值确定赔偿数额。确定商业价值时，应当考虑研究开发成本、实施该项商业秘密的收益、可得利益、可保持竞争优势的时间等因素。

（3）参照许可费的合理倍数确定赔偿数额。原告实际损失额或者被告侵权获利额难以确定，有商业秘密许可使用费参照的，可以参照该许可使用费的合理倍数确定赔偿数额。具体审查原告提供的许可使用费标准是否合理时，还需要综合考虑商业秘密的类型、侵权行为的性质和情节、许可的性质、范围、时间、是否实际支付及支付方式、许可使用合同是否实际履行或者备案、被许可人与许可人是否存在利害关系、行业许可的通常标准等因素。

（4）侵权人及第三方资料可以作为确定赔偿数额的证据。侵权人在审计报告、上市公司年报、招股说明书、财务账簿、会计凭证、销售合同、进出货单据、知识产权许可使用合同、设备系统存储的交易数据、公司网站、产品宣传册或其他媒体上公开的经营信息，以及第三方平台统计的商品流通数据，评估报告，市场监管、税务、金融部门的记录等，除明显不合常理或者侵权人提供足以推翻的相反证据外，可以作为证据，用以证明当事人主张的赔偿数额。

4.4.2 法定赔偿

（1）法定赔偿的考量因素。实际损失或侵权获利难以确定的，可以根据商业秘密的性质、商业价值、研究开发成本、创新程度、能带来的竞争优势以及侵权人的主观过错、侵权行为的性质、情节、后果等因素判决给予原告500万元以下的赔偿。

（2）按照精细化裁判思维，详细分析说明各项酌定因素。结合案情引导当事人举证、质证，将案件中涉及与法定赔偿有关的因素纳入庭审质证范围，全面查清相关事实，为确定赔偿额打下事实基础。同时，在裁判文书中对作为酌定因素的事实和证据进行分析和论证，并在此基础上对各项酌定因素及其与损失、获利之间的关联性进行综合分析和论证，确定相对合理的赔偿额。

（3）严格掌握法定赔偿的适用范围。对于原告请求以实际损失或侵权获利确定赔偿数额的，法院不应当简单地以“难以确定”为由直接适用法定赔偿，而应当积极引导当事人及其诉讼代理人就因侵权行为而产生的损失额、获利额或者许可费标准等方面的事实进行举证，避免简单适用法定赔偿。一般而言，对原告的实际损失和侵权人的侵权获利可以基本查清，或者根据案件的具体情况，依据证据规则和市场规律，可以对赔偿数额予以确定的，不宜适用法定赔偿。对于原告请求按照被告侵权获利赔偿,并通过对被告财务账册进行审计确定被告的获利额后,原告再要求适用法定赔偿的,一般不予准许。

4.4.3 惩罚性赔偿

行为人故意侵犯商业秘密,情节严重的,可以在按照上述方法确定数额的1-5倍确定赔偿数额。

(1)"故意"的认定

综合考虑被告与原告或者利害关系人之间的关系、侵犯商业秘密行为和手段的具体情形、从业时间、受保护记录等因素认定被告主观上是否存在故意。对于下列情形,可以初步认定被告具有侵犯商业秘密的故意。

①被告或其法定代表人、管理人是原告或者利害关系人的法定代表人、管理人、实际控制人;

②被告与原告或者利害关系人之间存在劳动、劳务、合作、许可、经销、代理、代表等关系,且接触过或知悉被侵害的商业秘密;

③被告与原告或者利害关系人之间有业务往来或者为达成合同等进行过磋商,且接触过或知悉被侵害的商业秘密;

④被告以盗窃、贿赂、欺诈、胁迫、电子侵入或者其他不正当手段获取原告的商业秘密;

⑤被告经原告或者利害关系人通知、警告后,仍继续实施侵权行为;

⑥其他可以认定为故意的情形。

(2)情节严重的认定

综合考虑侵犯商业秘密行为的手段、次数、性质、侵权行为的持续时间、地域范围、规模、后果,侵权人在诉讼中的行为等因素,认定情节是否严重。被告有下列情形的,可以认定为情节严重:

①因侵犯商业秘密被行政处罚或者法院裁判其承担责任后,再次实施相同或者类似侵权行为;

②以侵权为业;

③伪造、毁坏或者隐匿侵权证据;

④拒不履行保全裁定;

⑤侵权获利或者权利人受损巨大;

⑥侵权行为可能危害国家安全、公共利益或者人身健康;

⑦其他可以认定为情节严重的情形。

(3)计算基数

法院确定惩罚性赔偿数额时,应当以原告实际损失数额或者被告因侵权所获得的利益作为基数。该基数不包括原告为制止侵权所支付的合理开支。

原告的实际损失数额或者被告因侵权所获得的利益均难以计算的,法院依法参照许可使用费的合理倍数确定计算基数。

(4)倍数的确定

法院依法确定惩罚性赔偿数额的倍数时,应当综合考虑被告主观过错程度、侵权行为的情节严重程度等因素。

因同一侵权行为已经被处以行政罚款或者刑事罚金且执行完毕,被告主张减免惩罚性赔偿责任的,法院不予支持,但在确定上述所称倍数时可以综合考虑。

4.4.4 合理开支的支付

原告主张为制止侵权行为所支付的合

理开支的,可以在确定的赔偿额之外要求被告承担。合理开支一般包括以下费用:

(1)公证费;

(2)因调查取证或出庭而发生的交通费、食宿费、误工费等;

(3)档案查询费、材料印制费;

(4)翻译费;

(5)律师代理费;

(6)原告为制止侵权行为支付的其他合理费用。

法院在确定合理开支时,应当审查原告合理开支发生的实际可能性、必要性、与本案的关联性、数额的合理性等因素。原告聘请律师的费用要根据案件的性质及难易程度、律师付出的必要劳动、律师费是否实际支出、正常的收费标准等因素确定。原告虽未能提交发票等证据证明其维权支出,但根据案件查明的事实,能够推定该项支出确已发生且系维权必要的,可以计入合理费用范围。

4.4.5 适用举证妨碍及证据披露制度确定损害赔偿数额

法院依法责令被告提供其掌握的与侵权行为相关的账簿、资料,被告无正当理由拒不提供或者提供虚假账簿、资料的,可以参考原告的主张和证据认定被告因侵权所获得的利益。构成《民事诉讼法》第一百一十一条规定情形的,依法追究法律责任。

第五部分 司法鉴定

对于商业秘密案件审理中涉及的技术事实查明,可以通过技术咨询、技术调查官辅助审理、召开专家会议、技术鉴定、当事人聘请专家辅助人等多种方式辅助解决。能够通过其他方式有效查明技术事实的,尽量避免采取技术鉴定方式。法院在审理案件过程中认为待证技术事实需要通过鉴定书证明的,应当向当事人释明,并指定提出鉴定申请的期间。本部分内容系针对采取技术鉴定方式查明技术事实的指南。

5.1 司法鉴定的内容

侵犯商业秘密民事纠纷案件中的司法鉴定一般涉及以下内容:

(1)原告主张的商业秘密是否已为公众所知悉;

(2)被诉侵权的信息与商业秘密的异同;

(3)原告对被告提供的供侵权对比的生产技术等持有异议,认为按照该技术无法生产出涉案产品或无法达到被告所称技术效果的,可以就该问题进行司法鉴定;

(4)其他需要司法鉴定的内容。

5.2 技术鉴定的方法

对于原告主张的技术信息是否不为公众所知悉,以“有关信息不为其所属领域的相关人员普遍知悉和容易获得”为认定标准,即从该信息在所属领域是否属于一般常识或者行业惯例,进入市场后相关公众是否可以通过观察产品直接获得,是否无需付出一定的代价而容易获得等多方面进行技术分析,不能仅依据科技查新报告简单做出是否不为公众所知悉的鉴定意见。

一般而言,在对被告的技术信息与原告主张的技术秘密是否相同或实质性相同进行技术比对时,应当针对原告主张的每一个技术秘密内容或其组合进行技术比对、分析,不应当采用专利侵权比对中逐一比对每一个技术特征的方法。

5.3 鉴定申请期间及费用交纳

当事人申请鉴定,应当在法院指定期间内提出,并预交鉴定费用。逾期不提出申请或者不预交鉴定费用的,视为放弃申请。

当事人双方均不申请技术鉴定,但法院出于查清案情的需要依职权启动司法鉴定程序时,当事人往往以本案不需要鉴定、对方当事人对鉴定事项负有举证责任等理由拒绝交纳鉴定费用。对此,一方面可加强协调工作,促成当事人就鉴定费用的负担达成一致;另一方面,应当明确对鉴定事项的举证责任,经法律释明后确定鉴定费用的预先负担方。对需要鉴定的待证事实负有举证责任的当事人,在法院指定期间内无正当理由不提出鉴定申请或者不预交鉴定费用,或者拒不提供相关材料,致使待证事实无法查明的,应当承担举证不能的法律后果。

5.4 明确委托鉴定的具体事项

鉴定事项的确定要准确、具体、可操作。法院应当听取各方当事人意见,并结合当事人提出的证据确定鉴定范围。鉴定过程中,一方当事人申请变更鉴定范围,对方当事人无异议的,可以准许。

5.4.1 准确性

鉴定事项的归纳要准确,属于鉴定人有权鉴定的技术问题范畴,而不能将法律问题交由鉴定人判定。正确的表述应当是:"该技术信息是否不为公众所知悉""原、被告的技术是否相同或实质性相同"。不当或错误的表述是:"该技术信息是否具有秘密性""该技术信息是否属于技术秘密""被告是否剽窃了原告的技术秘密"等。

5.4.2 具体性

鉴定事项要具体明确。法院应当根据原告明确的保护范围委托鉴定人鉴定和比对。一般应当尽量避免对原告提交的所有技术信息不作区分,笼统地要求鉴定人对全套技术方案的不为公众所知悉进行鉴定。

5.4.3 可操作性

鉴定事项要具有可操作性,避免将一些无法通过技术手段鉴定的问题交由鉴定人判定,影响审判效率。在确定鉴定事项前,可以要求双方当事人对鉴定事项的可操作性进行说明,合议庭或承办法官也可以先向相关技术机构咨询,保证鉴定事项的可操作性,提高效率。

5.4.4 鉴定人的确定与回避

(1)鉴定人的确定

法院准许鉴定申请的,应当组织双方当事人协商确定具备相应资格的鉴定人。当事人协商不成的,由法院指定。法院依职权委托鉴定的,可以在询问当事人的意见后,指定具备相应资格的鉴定人。鉴定业务领域未实行鉴定机构和鉴定人统一登记管理制度的，法院可以依照上述程序确定具有相应技术水平的专业机构、专业人员鉴定。

法院在确定鉴定人后应当出具委托书，委托书中应当载明鉴定事项、鉴定范围、鉴定目的和鉴定期限。经法院准许或者双方当事人同意，鉴定人可以将鉴定所涉部分检测事项委托其他检测机构进行检测，鉴定人对根据检测结果出具的鉴定意见承担法律责任。

鉴定开始之前，法院应当要求鉴定人签署承诺书。承诺书中应当载明鉴定人保证客观、公正、诚实地进行鉴定，保证出庭作证，如作虚假鉴定应当承担法律责任等内容。鉴定人故意作虚假鉴定的，法院应当责令其退还鉴定费用，并根据情节，依照《民事诉讼法》第一百一十一条的规定进行处罚。

(2)鉴定人的回避

当事人对鉴定人提出回避请求的，应当要求其明确回避理由，并依据《民事诉讼法》第四十四条有关回避的规定审查回避请求是否成立，在申请提出的三日内以口头或书面形式作出决定。当事人对决定不服的，可以在接到决定时申请复议一次，法院应当在三日内作出复议决定并通知复议申请人。

司法鉴定中，对当事人就鉴定人提出的回避申请，应当认真审查并将决定及时通知当事人，避免因对回避事由审查不当而导致程序违法。

5.5 鉴定材料的确定

司法鉴定事项确定后，应当组织当事人固定鉴定材料，并就鉴定材料发表质证意见。未经质证的材料，不得作为鉴定的根据。当事人以保密为由拒绝提供鉴定材料以供质证的，应当向其充分释明法律后果。经法律释明后，无正当理由仍拒绝提供的，一般应当由其承担无法做出鉴定意见、无法查明相关技术事实的不利后果。

鉴定过程中，经法院准许，鉴定人可以调取证据、勘验物证和现场、询问当事人或者证人。因鉴定需要补充的鉴定材料，法院应当组织当事人对补充鉴定材料进行质证。当事人未能提供补充鉴定材料，根据举证责任承担不利后果。

司法鉴定过程中，鉴定人对其接触或知悉的商业秘密或者其他需要保密的商业信息(以下统称为秘密信息)承担保密义务。具体保密方法和措施详见本指南第8部分。

5.6 现场勘验

鉴定中需要现场勘验的，法院应当组织各方当事人、鉴定人到现场共同勘验，并完整详细地记录勘验过程。在现场勘验前，应当书面通知各方当事人到场勘验，防止在当事人不知情的情况下进行勘验。勘验时可以邀请技术专家陪同参与。

勘验过程中，勘验人员和当事人应当对其接触或知悉的秘密信息承担保密义务，并尽可能限缩勘验的内容，防止将与案件无关的秘密信息纳入勘验范围，产生泄密隐患。具体保密方法和措施详见本指南第8部分。

5.7 司法鉴定中的听证

鉴定书做出前,可以根据案情需要组织听证,由当事人就鉴定事项向鉴定人员进行说明和陈述,并回答鉴定人员提出的问题。

鉴定中,合议庭应当注意加强与司法鉴定部门的沟通,由其向鉴定人转达合议庭就鉴定事项的有关要求。

5.8 鉴定书的审查与质证

(1)鉴定人应当按期提交鉴定书。鉴定人应当在法院确定的期限内完成鉴定,并提交鉴定书。鉴定人无正当理由未按期提交鉴定书的,当事人可以申请法院另行委托鉴定人进行鉴定。法院准许的,原鉴定人已经收取的鉴定费用应当退还;拒不退还的,根据当事人的申请,法院应当在三日内作出裁定,责令鉴定人退还;仍不退还的,由法院依法执行。

(2)鉴定书的内容。一般应当包括下列内容:

①委托法院的名称;

②委托鉴定的内容、要求;

③鉴定材料;

④鉴定所依据的原理、方法;

⑤对鉴定过程的说明;

⑥鉴定意见;

⑦承诺书。

鉴定书应当由鉴定人签名或者盖章,并附鉴定人的相应资格证明。委托机构鉴定的,鉴定书应当由鉴定机构盖章,并由从事鉴定的人员签名。

(3)鉴定书的预审查

正式鉴定书做出前,应当要求鉴定人向法院提供鉴定书初稿,由合议庭对鉴定意见内容是否符合委托鉴定事项要求、是否真正解决技术难题、鉴定意见表述是否清晰、是否容易产生歧义等方面进行预审查,并在不影响鉴定人独立鉴定的前提下提出修改意见。

(4)鉴定书的质证

法院收到鉴定书后,应当及时将副本送交当事人。当事人对鉴定书的内容有异议的,应当在法院指定期间内以书面方式提出。对于当事人的异议,法院应当要求鉴定人作出解释、说明或者补充。必要时,可以要求鉴定人对当事人未提出异议的内容进行解释、说明或者补充。

当事人在收到鉴定人的书面答复后仍有异议的,法院应当根据《诉讼费用交纳办法》第十一条的规定,通知有异议的当事人预交鉴定人出庭费用,并通知鉴定人出庭。有异议的当事人不预交鉴定人出庭费用的,视为放弃异议。双方当事人对鉴定意见均有异议的,分摊预交鉴定人出庭费用。鉴定人出庭费用按照证人出庭作证费用的标准计算,由败诉的当事人负担。因鉴定意见不明确或者有瑕疵需要鉴定人出庭的,出庭费用由其自行负担。法院委托鉴定时已经确定鉴定人出庭费用包含在鉴定费用中的,不再通知当事人预交。

鉴定人依照《民事诉讼法》第七十八条的规定出庭作证的,法院应当在开庭审理三日前将出庭的时间、地点及要求通知鉴定人。委托机构鉴定的,应当由从事鉴定的人员代表机构出庭。鉴定人应当就鉴定事项如实答复当事人的异议和审判人员的询问。当庭答复确有困难的,经法院准许,可以在庭审结束后书面答复。法院应当及时将书面答复送交当事人,并听取当事人的意见。必要时,可以再次组织质证。经法庭许可,当事人可以询问鉴定人、勘验人。询问鉴定人、勘验人不得使用威胁、侮辱等不适当的言语和方式。

鉴定人拒不出庭作证的,鉴定意见不得作为认定案件事实的根据。法院应当建议有关主管部门或者组织对拒不出庭作证的鉴定人予以处罚。当事人要求退还鉴定费用的,法院应当在三日内作出裁定,责令鉴定人退还;拒不退还的,由法院依法执行。当事人因鉴定人拒不出庭作证申请重新鉴定的,法院应当准许。

(5)鉴定书的审查

法院应当按照《民事证据规定》第三十六条、第四十条,《知识产权证据规定》第二十三条的规定,对鉴定书进行审查,并决定是否采信该鉴定书。具体应当结合下列因素进行审查:

①鉴定人是否具备相应资格;

②鉴定人是否具备解决相关专门性问题应有的知识、经验及技能;

③鉴定方法和鉴定程序是否规范,技术手段是否可靠;

④送检材料是否经过当事人质证且符合鉴定条件;

⑤鉴定意见的依据是否充分;

⑥鉴定人有无应当回避的法定事由;

⑦鉴定人在鉴定过程中有无徇私舞弊或者其他影响公正鉴定的情形。

(6)重新鉴定

当事人申请重新鉴定,存在下列情形之一的,法院应当准许:

①鉴定人不具备相应资格的;

②鉴定程序严重违法的;

③鉴定意见明显依据不足的;

④鉴定意见不能作为证据使用的其他情形。

存在前款第一项至第三项情形的,鉴定人已经收取的鉴定费用应当退还。拒不退还的,根据当事人的申请,法院应当在三日内作出裁定,责令鉴定人退还;仍不退还的,由法院依法执行。

对鉴定意见的瑕疵,可以通过补正、补充鉴定或者补充质证、重新质证等方法解决的,不予准许重新鉴定的申请。

重新鉴定的,原鉴定意见不得作为认定案件事实的根据。

(7)鉴定意见的撤销

鉴定意见被采信后,鉴定人无正当理由撤销鉴定意见的,法院应当责令其退还鉴定费用,并可以根据情节,依照《民事诉讼法》第一百一十一条的规定对鉴定人进行处罚。当事人主张鉴定人负担由此增加的合理费用的,法院应予支持。法院采信鉴定意见后准许鉴定人撤销的,应当责令其退还鉴定费用。

第六部分　刑民交叉的处理

6.1　对在先刑事诉讼程序中的证据与事实的审查

原告主张依据生效刑事裁判认定被告侵犯商业秘密的，被告应提供相反证据。如有相反证据足以推翻的，对于在侵犯商业秘密犯罪刑事诉讼中形成的证据，法院应当按照法定程序全面、客观地审查和认定，并协调解决民事、刑事程序冲突问题。

由公安机关、检察机关或者法院保存的与被诉侵权行为具有关联性的证据，当事人及其诉讼代理人因客观原因不能自行收集，申请调查和搜集的，法院应当准许，但可能影响正在进行的刑事诉讼程序的除外。

6.2　生效刑事裁判与民事案件赔偿额的确定

对于刑民交叉的案件，涉及同一侵犯商业秘密行为，当事人主张依据生效刑事裁判认定的实际损失或者违法所得确定民事案件赔偿额的，应予支持。

鉴于民事、刑事诉讼的证明标准不同，原告有证据证明实际损失或者侵权获利额大于在先刑事裁判认定数额的，可以支持原告的主张。

在侵犯商业秘密犯罪刑事自诉、公诉案件中，探索引导自诉人或者被害人及时提起刑事附带民事诉讼，一并解决民事赔偿问题。

第七部分　证据保全和行为保全

7.1　证据保全

侵犯商业秘密民事纠纷案件审理中，原告申请证据保全主要集中于两类证据：一是被告的侵权获利，如企业财务账册等。对此，可以要求原告至工商、税务、海关等部门调取被告经营状况及利润的证据，原告因客观原因不能自行调取到上述相关证据的，可以向原告代理律师签发法院调查令，或者根据原告申请以及案件审理需要，要求被告向法院提供。二是被告的侵权证据，如被告与客户的往来合同、被告的技术资料等。对此，应当要求原告提供其权利受到侵害且被告能够接触或者获取涉案商业秘密的初步证据，再决定是否准许原告的申请，或者在符合《反不正当竞争法》第三十二条规定的情形下，由被告提交证明其不存在侵犯商业秘密行为的相关证据。

在实施保全过程中，为防止被申请人的秘密信息被不当泄露，应当尽量避免申请方接触被保全信息，必要时可以通过委托或者聘请与双方无利害关系的第三方专家参与保全，及时甄别并排除超范围查封的内容。

7.2　行为保全

坚持及时保护与稳妥保护兼顾原则。被申请人试图或者已经以不正当手段获取、披露、使用或者允许他人使用原告所主张的商业秘密，不采取行为保全措施会使判决难以执行或者造成当事人其他损害，或者将会使原告的合法权益受到难以弥补的损害的，法院可以依法裁定采取行为保全措施。

前款规定的情形属于《民事诉讼法》第一百条、第一百零一条所称情况紧急的，法院应当在四十八小时内作出裁定。

第八部分　诉讼中的秘密信息保护

8.1　总体原则

在保全、证据交换、质证、现场勘验、鉴定、询问、庭审等诉讼活动中，对于涉及当事人或者其他利害关系人秘密信息的证据、材料，经其书面申请或者经记录在案口头申请采取保密措施的，法院应当采取必要的保密措施。

违反前款所称保密措施的要求，擅自披露或者在诉讼活动之外使用或者允许他人使用在诉讼中接触、获取的秘密信息的，应当依法承担民事责任。构成《民事诉讼法》第一百一十一条规定情形的，法院可以依法采取强制措施。构成犯罪的，依法追究刑事责任。

法院工作人员对其接触或知悉的秘密信息承担保密义务。对违反保密义务者，视不同情况，依照相关法律规定，依法处理。

8.2　不公开审理

法院应当通过询问、书面告知等方式对保护秘密信息作出双向风险提示。当事人或者利害关系人书面申请或经记录在案口头申请不公开开庭审理的，法院应当不公开审理。

8.3　质证方式的运用

8.3.1　分阶段披露证据

双方当事人应当围绕原告明确主张的商业秘密范围质证，原告未明确主张的商业秘密内容不纳入质证范围。对于被告主张的涉及其秘密信息的证据，应当视原告举证责任的完成情况，逐步披露给原告质证。符合《反不正当竞争法》第三十二条规定情形的，被告应当将其生产技术等相关证据披露给原告质证。

8.3.2　第三方专家筛选或审查

双方协商选择或经双方同意由法院选聘的专家审查、筛选相关证据的，由该第三方专家审查筛选确定最小范围涉及秘密信息的证据交予对方质证。

对较为敏感或价值较大的涉及秘密信息的证据，可以根据当事人或利害关系人申请不交予对方质证，直接交由第三方专家审查，但专家审查意见需交由当事人质证。

第三方专家可以通过共同协商或者由法院指定等方式在法院技术专家库中确定。

8.3.3　限制复制或摘抄

对于涉及秘密信息的证据，当事人及其诉讼代理人在质证、勘验、询问、庭审等诉讼活动中可以查阅，不得复制、摘抄、拍照、录像等。

8.4　保密要求

8.4.1　签署保密承诺书

在保全、证据交换、质证、现场勘验、鉴

定、询问、庭审等诉讼活动中,法院应当要求当事人及其诉讼代理人、其他允许参加诉讼的人员签署书面承诺(见附件:保密承诺书),保证不披露、使用或允许他人使用其可能接触到的秘密信息。承诺书的内容应当包括承诺人、承诺事项、法律依据、违反保密承诺的法律后果等。

8.4.2 签发保密令

当事人可以申请法院责令被申请人不得披露、使用或允许他人使用其在各项诉讼活动中接触到的秘密信息内容。经审查,确有必要采取保密令措施的,法院可以作出民事裁定(见附件:保密令裁定书),责令被申请人承担保密义务,禁止从事上述行为。裁定内容应当包括受保密令约束的对象,相关秘密信息内容,作出保密令的事实、理由及法律依据,禁止其从事的具体行为,违反保密令的法律后果等。

8.5 裁判文书的制作、送达

在文书制作过程中,文书正本不记载涉密内容,仅以编号或者名称取代,涉密内容通过文书附件记载,向当事人送达文书正本,不予送达记载涉密内容的附件。

8.6 保密流程

对于涉及秘密信息的裁判文书附件、证据、笔录等材料进行封存,并单独立卷保管,加密标记,限定查阅人员范围,以防止因诉讼材料保密不当导致涉密信息泄露。法院应当强化保密意识,从立案到执行、归档阶段,均设置有别于普通案件的保密流程和措施,如不予扫描上网,限制网上查阅等。

法院可以在办案系统中装设相应保密软件,如对商业秘密案件在流转程序中添加保密提示标签,并通过权限配置等方式,仅限合议庭成员、执行人员、法官助理、书记员查看涉密材料。

附件:保密承诺书、保密令裁定书(样式)

附件:

保密承诺书

承诺人:(当事人及其诉讼代理人、法院或当事人聘请的技术专家、鉴定人、诉讼中其他有可能接触秘密信息的人员)

承诺事项:

本人承诺对参与×××诉×××侵犯商业秘密纠纷一案诉讼中所接触的(原告/被告/其他当事人)主张的秘密信息承担保密义务。

一、当事人主张的秘密信息的范围(由主张秘密信息的当事人指定);

二、案件审结前,不披露、使用、允许他人使用上述秘密信息。案件审结后,根据生效判决确定的裁判内容执行保密义务或者解除保密义务；

三、不私自复制、阅览、摘抄、录音或拍摄上述秘密信息；

四、违反上述保密承诺导致涉案秘密信息泄露，依法承担相应的民事责任；情节严重构成犯罪的，依法承担相应的刑事责任。

附：相关法律规定

《中华人民共和国反不正当竞争法》第九条第一款第（三）项规定："经营者不得实施下列侵犯商业秘密的行为：……违反保密义务或者违反权利人有关保守商业秘密的要求，披露、使用或者允许他人使用其所掌握的商业秘密。"

《中华人民共和国反不正当竞争法》第十七条规定："经营者违反本法规定，给他人造成损害的，应当依法承担民事责任。……因不正当竞争行为受到损害的经营者的赔偿数额，按照其因被侵权所受到的实际损失确定；实际损失难以计算的，按照侵权人因侵权所获得的利益确定。经营者恶意实施侵犯商业秘密行为，情节严重的，可以在按照上述方法确定数额的一倍以上五倍以下确定赔偿数额。赔偿数额还应当包括经营者为制止侵权行为所支付的合理开支。经营者违反本法第六条、第九条规定，权利人因被侵权所受到的实际损失、侵权人因侵权所获得的利益难以确定的，由人民法院根据侵权行为的情节判决给予权利人五百万元以下的赔偿。"

《中华人民共和国刑法》第二百一十九条规定："有下列侵犯商业秘密行为之一，情节严重的，处三年以下有期徒刑，并处或者单处罚金；情节特别严重的，处三年以上十年以下有期徒刑，并处罚金：……（三）违反保密义务或者违反权利人有关保守商业秘密的要求，披露、使用或者允许他人使用其所掌握的商业秘密的。"

《最高人民法院、最高人民检察院关于办理侵犯知识产权刑事案件具体应用法律若干问题的解释（三）》第四条规定："实施刑法第二百一十九条规定的行为，具有下列情形之一的，应当认定为'给商业秘密的权利人造成重大损失'：（一）给商业秘密的权利人造成损失数额或者因侵犯商业秘密违法所得数额在三十万元以上的；（二）直接导致商业秘密的权利人因重大经营困难而破产、倒闭的；（三）造成商业秘密的权利人其他重大损失的。给商业秘密的权利人造成损失数额或者因侵犯商业秘密违法所得数额在二百五十万元以上的，应当认定为刑法第二百一十九条规定的'造成特别严重后果'。"

承诺人：（签字）

××××年××月××日

××××人民法院
民事裁定书

（××××）……号

申请人：×××，……。

……

被申请人：×××，……。

……

（以上写明当事人及其诉讼代理人的姓名或者名称等基本信息）

关于×××与×××侵犯商业秘密纠纷一案，申请人×××……（申请保密令的请求、事实和理由）。

本院经审查认为，……（写明作出保密令的事实和理由）。×××的申请符合法律规定。

依照《中华人民共和国民事诉讼法》第一百五十四条第一款第（十一）项，《最高人民法院关于知识产权民事诉讼证据的若干规定》第二十六条规定，裁定如下：

一、禁止被申请人×××出于本案诉讼之外的任何目的披露、使用、允许他人使用在诉讼程序中接触到的……（写明申请人主张的秘密信息范围）；

二、……（写明保密令的其他措施）。

如被申请人×××违反上述保密令，本院将依据《中华人民共和国民事诉讼法》第一百一十一条规定，视情节轻重予以罚款、拘留；构成犯罪的，依法追究刑事责任。

审 判 长　×××

审 判 员　×××

审 判 员　×××

××××年××月××日

（院印）

书 记 员　×××

江苏省高级人民法院审理国家赔偿案件规则

（江苏省高级人民法院审判委员会会议纪要〔2021〕3号）

为全面落实司法责任制，健全审判权力运行监督制约机制，理顺国家赔偿案件审判组织关系，正确审理国家赔偿案件，根据《中华人民共和国人民法院组织法》《中华人民共和国国家赔偿法》《最高人民法院关于人民法院赔偿委员会审理国家赔偿案件程序的规定》和《江苏省高级人民法院审判委员会工作规则》等法律和规定，结合本院工作实际，制定本规则。

一、关于审判组织

1. 赔偿委员会是审理刑事赔偿和民事、行政诉讼中司法赔偿案件（以下简称国家赔偿案件）的审判组织。

赔偿委员会由三名以上法官组成，成员应当为单数。

2. 赔偿委员会下设办公室，具体负责案件办理。

赔偿委员会办公室的法官应当为赔偿委员会的委员，并且应当占全体委员的半数以上。

3. 赔偿委员会委员组成合议庭审理国家赔偿案件。

合议庭成员的人数应当为三人以上的单数。

院长、副院长、审判委员会委员及赔偿委员会办公室负责人承办或者参加合议庭的案件，由其担任审判长。

赔偿委员会其他委员组成合议庭审理的案件，由承办案件的委员担任审判长。

二、关于定案机制

4. 下列案件，可以由合议庭讨论决定：

（1）赔偿请求人的申请不符合申请条件，决定不予受理或者驳回申请的案件；

（2）属于《最高人民法院关于国家赔偿监督程序若干问题的规定》第七条规定的情形，决定不予受理的案件；

（3）准许赔偿请求人撤回赔偿申请或者申诉人撤回申诉的案件；

（4）不服中级人民法院赔偿委员会的决定，向本院申诉，不需要重新审理的案件；

（5）符合国家赔偿有关司法解释规定的中止、终结情形，应当作出中止、终结决定的案件。

5. 下列案件，应当由赔偿委员会讨论决定：

(1)不服中级人民法院作为赔偿义务机关作出的赔偿决定，向本院赔偿委员会申请作出赔偿决定的案件；

(2)不服省公安厅、省检察院、省监狱管理局等作出的复议决定，向本院赔偿委员会申请作出赔偿决定的案件；

(3)不服中级人民法院赔偿委员会的决定，向本院申诉，需要本院直接审理或者指令中级人民法院赔偿委员会重新审理的案件；

(4)省人民检察院向本院提出意见，应当重新审查并作出决定的案件；

(5)最高人民法院指令本院赔偿委员会重新审理的案件；

(6)下级法院就法律适用问题向本院请示的案件；

(7)疑难、复杂、社会影响较大或者新类型案件；

(8)全国人大代表、政协委员，省人大代表、政协委员关注的案件；

(9)承办人或者审判长认为需要向赔偿委员会汇报的案件；

(10)其他应当提请赔偿委员会讨论决定的案件。

6. 下列案件，应当提交审判委员会讨论决定：

(1)最高人民法院指令本院重新审理的案件；

(2)法律适用规则不明的新类型案件；

(3)本院作为赔偿义务机关的国家赔偿案件；

(4)拟改变中级人民法院审判委员会决定的案件；

(5)赔偿委员会认为重大、疑难或者有重大分歧的案件；

(6)其他需要提交审判委员会讨论决定的案件。

7. 由合议庭讨论决定的案件，应当根据合议庭多数成员的意见作出裁判，由审判长签发裁判文书。

8. 由赔偿委员会讨论决定的案件，先由合议庭讨论，经赔偿委员会办公室负责人同意，报赔偿委员会主任委员决定召开赔偿委员会会议讨论。

赔偿委员会开会应当有过半数的委员出席，根据全体委员过半数的多数意见作出决定。

赔偿委员会的决定，合议庭应当执行。案件裁判文书由会议主持人签发。

9. 由审判委员会讨论决定的案件，应当先由赔偿委员会讨论，由分管院领导提请审判委员会讨论。

审判委员会的决定，赔偿委员会应当执行。案件裁判文书由分管院领导或者分管院领导指派赔偿委员会办公室负责人签发。

三、关于审判管理

10. 赔偿委员会及其办公室负责人可以要求合议庭报告涉及群体性纠纷可能影响社会稳定、疑难复杂且有重大社会影响、与本院类案裁判可能发生冲突、反映法官有违法审判行为等案件进展情况和评议结果,并要求逐级审批。

11. 案件出现应当扣除、延长、中止、重新计算审限的情形时,承办法官应当及时提出申请,由分管院领导、赔偿委员会办公室负责人根据审判管理权限审批决定。

12. 赔偿委员会及其办公室负责人可以根据审判管理职责,查看、操作和监控案件审判流程运行情况,组织开展案件评查,纠正不当行为,督促案件审理进度,统筹安排整改措施。

13. 赔偿委员会及其办公室负责人实施案件管理的行为及有关决定内容,应当在案卷和办案平台上全程留痕。

江苏省高级人民法院
审查类执行监督案件办理程序指南

(江苏省高级人民法院审判委员会会议纪要〔2021〕4 号　2021 年 5 月 8 日)

为进一步规范审查类执行监督案件办理程序,根据《中华人民共和国民事诉讼法》(2017 年修正)(下称《民事诉讼法》)、《最高人民法院关于人民法院执行工作若干问题的规定(试行)》、《最高人民法院关于人民法院办理执行信访案件若干问题的意见》等法律、司法解释和规范性文件的规定,结合全省法院工作实际,制定本指南。

1. 本指南所称审查类执行监督案件,是指通过执行监督程序对违法或不当行使执行实施权和审查权行为进行审查的案件(对消极执行的监督除外)。

审查类执行监督案件由各级人民法院执行裁判庭或者承担执行裁判事项的审判部门(以下简称执行裁判部门)办理。

2. 人民法院办理审查类执行监督案件应坚持以下原则:

(1)逐级监督原则。上级人民法院负责办理对下一级人民法院进行监督的执行监督案件,一般不跨越级别对下监督。

(2)穷尽救济原则。当事人、利害关

系人有异议权、复议权时，未经相应程序，迳行申请执行监督的，不作为执行监督案件办理。已经立案受理的执行异议、复议、监督案件审查期间，当事人、利害关系人因相同请求和理由申请执行监督的，不重复立案监督。人民法院办理执行监督案件，原则上应围绕申诉人的申诉请求进行审查；申诉事项超出复议裁定范围的，执行监督中原则上不予审查。

（3）协调配合原则。执行裁判部门办理执行监督案件，应注意向执行机构了解执行实施案件办理进展。执行机构应积极配合执行裁判部门的审查工作，执行监督案件办理中需要调取的案件材料应及时、全面提供。

（4）执行效率原则。立案部门和执行机构应缩短立案办理、案卷交接时间。执行裁判部门应提高案件办理效率，在法定期限内结案，尽量减少对依法、正常执行实施工作的影响。执行监督审查期间，原则上不停止执行实施案件执行。

（5）依法纠错原则。人民法院严格依照法律、司法解释和规范性文件的规定，纠正违法或不当行使执行实施权和审查权行为，促进提升人民法院严格规范公正文明执行水平。

3. 审查类执行监督案件的立案审查工作由执行裁判部门负责。各级人民法院执行裁判部门应安排专人使用执行申诉信访系统对申诉信访或交办转办材料进行单独登记和初步审查，符合立案条件的经部门负责人审批后移送立案部门立案。

立案部门收到执行裁判部门的立案意见后，应在调齐执行监督事项所涉及的案件卷宗后予以立案，立案后将案件材料及相关卷宗一并移交执行裁判部门办理。

立案部门、执行机构认为其收到的申诉信访属于审查类执行监督案件受理范围的，经部门负责人审批后应将相关材料及时移交执行裁判部门审查处理。

4. 存在以下情形之一的，执行裁判部门应当书面或口头告知申诉人不予立案：

（1）申诉人不是案件当事人、利害关系人的；

（2）已经执行监督程序审查裁定驳回申诉，就相同请求向同一法院再次申诉的；

（3）经在执行案件管理系统中对申诉人涉及案件情况进行查询，发现本院或者其他法院已经对申诉人以相同请求和理由提出的异议、复议或者监督申请立案审查且尚未结案的；

（4）申诉人申请撤回申诉被准许后再次申诉的，但有《民事诉讼法》第二百条第一项、第三项、第十二项、第十三项规定情形，自知道或者应当知道之日起六个月内提出的除外。

立案后发现不符合执行监督案件受理条件的，书面通知申诉人驳回申诉申请。

5. 当事人、利害关系人不服下一级人民法院依照《民事诉讼法》第二百二十五条及相关司法解释规定作出的执行复议裁定，在复议裁定发生法律效力之日起六个月内向上一级人民法院申诉的，上一级人民法院应当作为审查类执行监督案件立案审查。

6. 当事人、利害关系人不服执行复议裁定向上一级人民法院申诉，应当提交以下材料：

（1）申诉书（载明申诉请求及理由）；

（2）申诉人的身份证明。申诉人是自然人的，应提交身份证明；申诉人是法人或非法人组织的，应提交营业执照及法定代表人或负责人身份证明。委托他人代为申诉的，应提交授权委托书和代理人身份证明；

（3）据以强制执行的生效法律文书复印件；

（4）申诉所指向的执行实施法律文书、执行复议裁定书复印件；

（5）证据清单和证据材料；

（6）法律文书送达地址确认书和联系方式。

申诉人未按上述规定提交申诉材料的，执行裁判部门应当一次性告知申诉人在七日内补齐。期限内未补齐，但申诉人提出合理理由请求延期补齐申诉材料的，待其补齐材料后再移交立案部门登记立案；申诉人无正当理由未在期限内补齐申诉材料的，告知申诉人不予立案。

7. 上一级人民法院对不服复议裁定的申诉审查后，应当按照下列情形，分别处理：

（1）申诉请求不能成立的，裁定驳回申诉请求；

（2）复议裁定认定事实或者适用法律错误，但处理结果并无不当、申诉请求不能成立的，纠正认定的事实或者适用的法律，裁定驳回申诉请求；

（3）复议裁定认定事实或者适用法律错误、申诉请求成立或者部分成立，结果应予纠正的，裁定撤销或者变更复议裁定。执行行为可撤销、变更的，应当同时撤销或者变更该执行行为；

（4）复议裁定认定基本事实不清、证据不足的，裁定撤销复议裁定，查清事实后作出相应裁定，必要时也可以指令作出裁定的人民法院重新审查；

（5）复议裁定遗漏请求事项或者存在其他严重违反法定程序的情形，裁定撤销复议裁定，指令作出裁定的人民法院重新审查；

（6）异议、复议裁定对应当适用《民事诉讼法》第二百二十七条规定审查处理的异议，错误适用《民事诉讼法》第二百二十五条规定审查处理的，裁定撤销异议、复议裁定，指令作出异议裁定的人民法院重新作出裁定。

上一级人民法院在办理审查类执行监督案件期间认为相关执行行为需要暂缓执行的,应当经分管院领导审批后作出暂缓执行决定书。暂缓执行决定书应当发送作出复议裁定的人民法院和执行法院,由执行法院办理。

执行监督裁定应当送达申诉人及相关当事人,并发送作出复议裁定的人民法院。

8. 审查类执行监督案件由执行裁判部门依法组成合议庭进行审查。案件涉及的保全实施、执行实施案件办理人员以及申诉所指向的执行异议、复议、监督案件办理人员,不得参与审查。

审查类执行监督案件立案后,应当依法向各方当事人送达执行监督案件受理、应诉通知书以及合议庭组成人员通知书等文书。

9. 审查类执行监督案件实行书面审查。人民法院根据审查案件的需要决定是否询问当事人。案情复杂、争议较大或者出现新的证据可能推翻原复议裁定的,应当进行听证。

执行监督案件审查中应通过查询执行案件管理系统、调取案件卷宗等方式了解执行实施案件办理进展,必要时应向执行法院、执行人员了解情况。

10. 申诉人经合法传唤,无正当理由拒不参加听证,或者未经法庭许可中途退出听证,或者无正当理由拒不接受询问,致使人民法院无法查清相关事实的,由其自行承担不利后果。

11. 执行监督案件审查期间,申诉人申请撤回申诉的,是否准许由人民法院裁定。

当事人、利害关系人在审查类执行监督案件办理期间自行和解的,不影响案件继续审查。申诉人据此申请撤回申诉的,是否准许由人民法院裁定。

执行行为确有错误或者损害他人合法权益、国家利益、社会公共利益的,人民法院应裁定不予准许撤回申诉,并继续审查。

12. 执行监督案件审查期间,执行法院自行纠正错误执行行为并得到申诉人认可的,执行监督案件经部门主要负责人审批后作结案处理,并书面通知申诉人。结案后应及时上传法律文书至执行申诉信访系统。

13. 上级人民法院在执行监督中发现下级人民法院存在申诉请求以外的其他不规范问题,应另行向下级人民法院发出执行监督函,指令下级人民法院予以纠正。对上级人民法院的监督意见,下级人民法院应遵照执行并根据执行监督函的要求书面报告结果。

下级人民法院对上级人民法院监督意见有异议的,经审判委员会讨论决定,可以参照《最高人民法院关于人民法院执行工作若干问题的规定(试行)》第72条的规定，书面请求上级人民法院复议。对下级人民法院提请复议的案件，上级人民法院应当另行组成合议庭进行审查，及时予以答复。

14. 执行监督案件审查中应对是否涉嫌“套路贷”虚假诉讼、是否存在关联案件、同类案件进行强制检索，并根据案情需要协调统一解决或者并案审查。

发现作为执行依据的生效法律文书或者影响案件执行的另案生效裁判文书涉嫌“套路贷”虚假诉讼，或者发现非法高利放贷存在非法经营犯罪等刑事犯罪嫌疑的，生效裁判文书交由相关审判业务部门审查，违法犯罪线索及时移送有关部门处理，并将有关情况书面通知执行法院。

15. 上级人民法院在执行监督中发现下级人民法院执行人员存在违规违法违纪行为的或者下级人民法院收到执行监督裁定、执行监督函不予落实的，应及时会同督察部门启动“一案双查”工作机制。

16. 审查类执行监督案件应当在立案之日起六个月内办结。因特殊事由需要延长的，应当按照办案期限管理的规定报批，延长审限不得超过三个月。公告期间、调查取证期间、请示上级人民法院期间以及其他应当扣除的期间，不计入审查期限。

17. 当事人、利害关系人有证据证明其在法定期限内已经依法向下级人民法院提出执行异议、复议，但是该院既不受理也不作出不予受理裁定，向上级人民法院申诉的，上级人民法院应当作为审查类执行监督案件立案，并在1个月内办结。

经审查情况属实的，上级人民法院应向下级人民法院发出执行监督函，责令其按照法定程序立案审查。相关处理情况书面通知申诉人。

下级人民法院应于接函后7日内立案并按照相应程序进行审查，立案情况应书面报告上级人民法院。

18. 符合下列情形之一的，人民法院应当依职权立案审查，参照本指南办理：

（1）上级人民法院指令以审查类执行监督案件立案审查的；

（2）同级检察机关提出民事执行监督检察建议书反映执行行为违法或者执行异议、复议、监督裁定违法，以及不依法受理执行异议、复议申请的；

（3）在巡查、督查、案件评查等工作中发现本院作出的执行行为或生效执行异议、复议、监督裁定可能存在违法情形，经本院院长提交审判委员会讨论后决定监督的；

（4）在巡查、督查、案件评查等工作中发现下级人民法院作出的执行行为或生效执行异议、复议、监督裁定可能存在违法情形，经部门负责人批准立案监督的。

19. 当事人、利害关系人因以下情形向

执行法院申诉的，执行法院应当作为审查类执行监督案件立案，参照执行异议程序相关规定审查处理：

（1）未在法定期限内根据《民事诉讼法》第二百二十五条规定提出异议，但有证据证明存在正当理由的；

（2）在异议期限之内已经提出异议，但是执行法院未予立案审查，根据《最高人民法院关于人民法院办理执行信访案件若干问题的意见》第16条第一款规定向执行法院继续申诉的；

（3）根据《最高人民法院关于人民法院确定财产处置参考价若干问题的规定》第二十五条规定向执行法院提出异议的。

当事人、利害关系人不服执行法院根据前款规定作出的执行监督裁定，向上一级人民法院继续申诉信访，上一级人民法院应当作为执行监督案件立案审查，以裁定方式作出结论。

20. 对于名为申请执行监督但实质为反映以下问题的申诉，人民法院应根据情况分别作出处理：

（1）可以依法提出执行申请、执行异议、执行复议、执行异议之诉或者可以依照其他法定程序予以救济且本院有管辖权的，依职权导入法定程序解决；本院没有管辖权的，告知申诉人向有管辖权的人民法院依照法定程序解决；

（2）对提级执行、指定执行、执行争议协调决定、案件请示及其复函以及其他属于人民法院内部管理行为的裁定、通知、决定、批复不服的，由执行裁判部门告知其不属于执行异议、复议、监督的受理范围。向执行法院提出以上申诉请求的，由执行法院依法裁定不予受理或驳回申请；

（3）对人民法院作出的判决、裁定、调解书、公证机关作出的公证债权文书、仲裁机构作出的仲裁裁决、仲裁调解书等执行依据不服的，或者对不予执行仲裁裁决或驳回不予执行仲裁裁决申请的裁定不服的，或者对不予执行公证债权文书的裁定不服的，由立案部门审查处理；

（4）要求追究执行人员违规违法违纪责任的，由督察部门处理。

21. 审查类执行监督案件结案后，应当按照卷宗管理相关规定以及《江苏省高级人民法院关于规范和完善执行裁判文书材料立卷归档的指导性意见》立卷归档。

22. 办理审查类执行监督案件，除本指南规定之外，应参照江苏省高级人民法院《关于实质化办理执行信访案件的指导意见》、《执行异议及执行异议之诉案件审理指南》（一）（二）（三）、《关于加强和规范民事执行检察监督案件办理工作的指导意见》、《执行裁判文书样式》的相关规定。

23. 本指南自下发之日起执行。

王海兵诉李玉明、浙商财保惠民支公司机动车交通事故责任纠纷案

（2021）参阅案例 14 号

【裁判摘要】

被侵权人因交通事故死亡，不存在第一、第二顺序继承人，其兄弟姐妹的子女起诉要求侵权人赔偿死亡赔偿金、精神损害抚慰金的，人民法院应分别予以认定。死亡赔偿金不属于遗产，但具有财产属性，可参照遗产分配规则处理，被侵权人兄弟姐妹的子女向侵权人要求赔偿死亡赔偿金的，人民法院应予支持。精神损害抚慰金是基于人身权益或者具有人身意义的特定物受到侵害所产生的精神痛苦而给予的精神抚慰费用，其赔偿权利主体应为被侵权人本人及其近亲属，被侵权人兄弟姐妹的子女要求赔偿精神损害抚慰金的，人民法院不予支持。

【相关法条】

1.《中华人民共和国民法典》第一千一百二十八条　被继承人的子女先于被继承人死亡的，由被继承人的子女的直系晚辈血亲代位继承。

被继承人的兄弟姐妹先于被继承人死亡的，由被继承人的兄弟姐妹的子女代位继承。

…………

2.《最高人民法院关于适用〈中华人民共和国民法典〉时间效力的若干规定》第二条　民法典施行前的法律事实引起的民事纠纷案件，当时的法律、司法解释有规定，适用当时的法律、司法解释的规定，但是适用民法典的规定更有利于保护民事主体合法权益，更有利于维护社会和经济秩序，更有利于弘扬社会主义核心价值观的除外。

3.《中华人民共和国侵权责任法》第十六条　侵害他人造成人身损害的，应当赔偿医疗费、护理费、交通费等为治疗和康复支出的合理费用，以及因误工减少的收入。造成残疾的，还应当赔偿残疾生活辅助具费和残疾赔偿金。造成死亡的，还应当赔偿丧葬费和死亡赔偿金。

4.《江苏省道路交通安全条例》第五十二条　机动车发生交通事故造成人身伤亡、财产损失的，由保险公司在机动车第三者责任强制保险责任限额范围内予以赔偿，未参加第三者责任强制保险的，由机动车方按照该车应当投保的最低保险责任限额予以赔偿。对超过责任限额的部分，按照下列规定承担赔偿责任：

…………

（二）机动车与非机动车驾驶人、行人之间发生交通事故，非机动车驾驶人、行人没有过错的，由机动车一方承担赔偿责任；有证据证明非机动车驾驶人、行人有过错的，按照以下规定减轻机动车一方的赔偿责任：

…………

3. 非机动车驾驶人、行人负事故同等责任的，减轻百分之三十至百分之四十；

…………

5.《最高人民法院关于确定民事侵权精神损害赔偿责任若干问题的解释》（2020 年修正）第一条　因人身权益或者具有人身意义的特定物受到侵害，自然人或者其近亲属向人民法院提起诉讼请求精神损害赔偿的，人民法院应当依法予以受理。

【点评】

案涉事故发生在民法典生效之前，但民法典生效后本案尚未终审。死亡赔偿金不属于遗产，但其本质是对因侵害生命权引起的近亲属的各种现实利益损失的赔偿，具有财产属性，可参照遗产分配规则处理。本案通过类推适用《中华人民共和国民法典》第一千一百二十八条的代位继承规定，支持被继承人兄弟姐妹的子女要求赔偿死亡赔偿金的主张，防止出现“撞了白撞”“有损不赔”等不良社会导向；此外，对死亡赔偿金和精神损害抚慰金进行区别适用，体现了情、理、法的有机统一。本案是对充分保障私有财产在血缘家族内部流转的民法精神的生动诠释，有助于弘扬社会主义核心价值观，引导人们重视亲情，鼓励亲属间相互扶助、养老育幼、共同守望。

原告：王海兵，男，51 岁，汉族，住江苏省响水县。

被告：李玉明，男，40 岁，汉族，住山东省惠民县。

被告：浙商财产保险股份有限公司滨州市惠民支公司，住所地山东省惠民县乐湖路与大济路交叉口向西 100 米路北（现代物流西楼八户）。

原告王海兵因与被告李玉明、浙商财产保险股份有限公司滨州市惠民支公司（以下简称浙商财保惠民支公司）机动车交通事故责任纠纷一案，向响水县人民法院提起诉讼。

原告王海兵诉称：2019 年 12 月 29 日 8 时 49 分许，李玉明驾驶鲁 M××××1 重型半挂牵引车牵引鲁 M×××3 挂号重型仓栅式半挂车沿烟沪线（204 国道）由南向北行驶至 550 公里 300 米处路口时，与王某才（王海兵叔叔）驾驶的电动自行车相撞，致王某才抢救无效当日死亡。本起事故经交警部门认定，李玉明与王某才负事故的同等责任。李玉明驾驶的车辆在浙商财保惠民支公司投保了交强险和第三者责任险。综上，请求人民法院依法判令：（1）李玉明、浙商财保惠民支公司赔偿王海兵各项损失合计 345253 元（死亡赔偿金 367221 元、丧葬费 43295 元、精神损害抚慰金 30000 元、误工费 1000 元、交通费 275 元，扣减受害人承担的部分）；（2）本案诉讼费由李玉明、浙商财保惠民支公司承担。

被告李玉明未作答辩。

被告浙商财保惠民支公司辩称：（一）王海兵为王某才的侄儿，不具备原告诉讼主体资格，没有权利要求死亡赔偿金等损失，如果丧葬费是王海兵垫付的，可以协商处理。（二）李玉明驾驶被保险车辆发生交通事故违反装载规定，根据保险合同的约定，实行 10% 的绝对免赔率。（三）诉讼费不在保险赔偿范围内。综上，请求人民法院依法处理。

响水县人民法院一审审理查明：

2019 年 12 月 29 日 8 时 49 分许，李玉明驾驶鲁 M××××1 重型半挂牵引车牵引鲁 M×××3 挂号重型仓栅式半挂车沿烟沪线（204 国道）由南向北行驶至 550 公里 300 米处路口时，与王某才驾驶的响水 5××××1 号电动自行车相撞，致王某才抢救无效于当日死亡。本起事故经交警部门调查认定，李玉明驾驶超载、机件不符合技术标准的机动车上道路行驶时观察疏忽，判断操作失误；王某才驾驶电动自行车上道路行驶，通过没有交通信号灯控制也没有交通警察指挥的交叉路口转弯时，未让直行的车辆优先通行，双方的过错行为对事故的发生均有一定的作用，各负事故的同等责任。王某才出生于 1946 年，王海兵是王某才侄子，事故发生前几年王某才开始随王海兵一起居住。王某才无配偶、子女、孙子女、外孙子女，且兄弟姐妹、父母、祖父母、外祖父母均已去世，王某才也不是五保户。王某才去世后，其丧葬事宜由王海兵办理并支出相关费用。鲁 M××××1 重型半挂牵引车、鲁 M×××3 挂号重型仓栅式半挂车登记所有人为惠民县桓运物流有限公司，鲁 M××××1 重型半挂牵引车以惠民县云康物流中心的名义在浙商财保惠民支公司投保了交强险和第三者责任保险（限额 100 万元，不计免赔率），事故发生在保险期限内，其中机动车第三者责任保险第二十七条约定，保险人在依据本保险合同约定计算赔款的基础上，在保险单载明的责任限额内，按照以下方式免赔：……（二）违反安全装载规定的，实行 10% 的绝对免赔率。

响水县人民法院一审审理认为：公民的生命权依法受法律保护。李玉明驾驶机动车与王某才驾驶的电动自行车发生交通事故，致王某才死亡，本起事故经交警部门依法认定李玉明与王某才负事故的同等责任，双方当事人对此未提出异议，予以认定，并以此作为认定本案基本事实和划分双方责任的依据。

本案双方争议的主要焦点是王海兵作为赔偿权利人主体是否适格。根据《中华人民共和国侵权责任法》第十八条的规定，被侵权人死亡的，其近亲属有权请求侵权人承担侵权责任。《最高人民法院关于贯彻执行〈中华人民共和国民法通则〉若干问题的意见（试行）》第12条的规定，民法通则中规定的近亲属，包括配偶、父母、子女、兄弟姐妹、祖父母、外祖父母、孙子女、外孙子女。根据王海兵的陈述，死者王某才无配偶、子女、孙子女、外孙子女，兄弟姐妹、父母、祖父母、外祖父母均已去世，与王海兵系叔侄关系，并不是法律规定的近亲属范畴，不属于法定的赔偿权利人，故王海兵不具有原告主体资格，其无权要求李玉明、浙商财保惠民支公司赔偿因王某才死亡产生的死亡赔偿金、精神损害抚慰金等损失。对于王海兵因其叔叔王某才去世而支出的丧葬费用，根据《中华人民共和国侵权责任法》第十八条第二款的规定，被侵权人死亡的，支付被侵权人医疗费、丧葬费等合理费用的人有权请求侵权人赔偿费用，但侵权人已支付该费用的除外。故王海兵有权请求李玉明、浙商财保惠民支公司赔偿丧葬费用43295元。因李玉明驾驶的鲁M××××1重型半挂牵引车在浙商财保惠民支公司投保了交强险，根据《最高人民法院关于审理道路交通事故损害赔偿案件适用法律若干问题的解释》第十六条的规定，该费用应由浙商财保惠民支公司在交强险赔偿限额内予以赔偿，李玉明在本案中不承担赔偿责任。综上所述，王海兵合理的诉讼请求应当予以支持。

据此，依照《中华人民共和国侵权责任法》第十八条，《中华人民共和国道路交通安全法》第七十六条第一款，《最高人民法院关于审理道路交通事故损害赔偿案件适用法律若干问题的解释》第十六条，《最高人民法院关于审理人身损害赔偿案件适用法律若干问题的解释》第二十七条，《最高人民法院关于贯彻执行〈中华人民共和国民法通则〉若干问题的意见（试行）》第12条，《中华人民共和国民事诉讼法》第一百四十四条规定，响水县人民法院于2020年8月31日作出（2020）苏0921民初1955号民事判决：

一、被告浙商财产保险股份有限公司滨州市惠民支公司在交强险限额内赔偿原告王海兵丧葬费43295元；（上述款项限于判决生效30日内付清）；

二、驳回原告王海兵的其他诉讼请求。

王海兵不服一审判决，向盐城市中级人民法院提起上诉称：（1）一审法院认定事实错误，王海兵应属本案适格的赔偿权利人。死者王某才生前未婚，无子女及父母等其他近亲属，其与王海兵系叔侄关系，双方虽不属于民事法律规定中的近亲属，但属于旁系血亲关系。（2）王某才年事已高，与王海兵长期共同生活，自2013年起一直居住在王海兵家中，由王海兵照顾王某才生活起居，承担王某才的生养死葬，故王海兵与王某才有亲密的身份及经济关系。王某才死亡必然造成王海兵精神上产生痛苦，王海兵在本案中依法应享有赔偿请求权。（3）赔偿权利人并非局限于近亲属范围，与死者之间具有亲密身份关系以及经济利害关系的人同样属于赔偿权利人。综上，请求二审法院撤销一审判决，依法改判支持上诉人在一审的全部诉讼请求或将本案发回重审。

李玉明未作答辩。

浙商财保惠民支公司辩称，王海兵为王某才侄子，不具备原告诉讼主体资格，没有权利主张死亡赔偿金等相应损失。综上，一审法院判决合理，请求二审法院驳回上诉，维持原判。

二审审理过程中，王海兵向盐城市中级人民法院邮寄情况说明，表示自愿放弃向李玉明、浙商财保惠民支公司主张保险赔偿总额中10%绝对免赔率对应的赔偿款，同意在诉请的345253元赔偿款中扣减上述10%绝对免赔数额。

盐城市中级人民法院经二审审理，确认了一审查明的事实。

盐城市中级人民法院二审审理认为，本案二审的争议焦点为：王海兵能否向侵权人主张死亡赔偿金及精神损害抚慰金。

公民的生命权依法受法律保护。《中华人民共和国侵权责任法》第十六条的规定，侵害他人造成人身损害的，应当赔偿医疗费、护理费、交通费等为治疗和康复支出的合理费用，以及因误工减少的收入。造成残疾的，还应当赔偿残疾生活辅助具费和残疾赔偿金。造成死亡的，还应当赔偿丧葬费和死亡赔偿金。根据上述法律规定和司法实践，当公民遭受侵权事故造成死亡的，一般会对与其有经济牵连和情感依赖的亲属造成如下损害：为受害亲人支出救治费用和丧葬费用，为照顾亲人产生误工等“纯粹经济损失”；因亲人离世导致扶养费的丧失或物质生活水平的降低；因亲人不幸罹难产生精神痛苦。综上，侵权死亡赔偿应当包括相关财产损失赔偿、死亡赔偿金、精神损害赔偿三部分。本案中，王某才近亲属均已去世，王海兵作为王某才的旁系血亲（侄子），在王某才因交通事故致死后操办其丧葬事宜并支出相关费用，根据《中华人民共和国侵权责任法》第十八条的规定，被侵权人死亡的，支付被侵权人医疗费、丧葬费等合理费用的人有权请求侵权人赔偿费用，故王海兵有权就办理丧葬事宜实际支出的丧葬费、交通费和误工损失，向侵权人主张赔偿，一审法院认定王海兵因办理丧葬事宜仅产生丧葬费单项损失不当，二审法院对此予以调整，依法酌定王海兵因王某才死亡后实际支出的纯粹经济损失为43695元（丧葬费43295元、误工费300元、交通费100元）。至于王海兵能否主张死亡赔偿金及精神损害抚慰金，应当结合两种赔偿损失基本属性、遗产继承基本理念、双方关系以及公平正义的基本理念分别认定。

关于能否主张死亡赔偿金的问题。首先，死亡赔偿金的属性决定了请求权主体范围应为家庭成员，我国立法及司法解释均采纳“继承丧失说”，即受害人因人身损害死亡，家庭可以预期的未来收入因此减少或丧失，使家庭成员在财产上蒙受消极损失，家庭成员作为该消极损失蒙受主体可以作为请求权主体。死亡赔偿金并非对生命权丧失的填补，而系对因侵害生命权所引起亲属的各种现实利益损失的赔偿。如被侵权人未发生案涉事故，理论上可通过自己劳动积累财富，死亡时日积月累的财富将作为遗产由符合继承条件的亲属予以继承，但被侵权人因案涉事故罹难，导致上述情况化为虚无，为填补该逸失利益损失，死亡赔偿金应运而生，故死亡赔偿金本质上是对收入损失的财产损害赔偿，而非精神损害赔偿，其物质财产属性决定其可以参照遗产分配处理，以尽量在可以继承被侵权人遗产的亲属中流转。其次，王海兵系适格的代位继承人。《中华人民共和国民法典》第一千一百二十八条规定，被继承人的子女先于被继承人死亡的，由被继承人的子女的直系晚辈血亲代位继承。被继承人的兄弟姐妹先于被继承人死亡的，由被继承人的兄弟姐妹的子女代位继承。代位继承人一般只能继承被代位继承人有权继承的遗产份额。《最高人民法院关于适用〈中华人民共和国民法典〉时间效力的若干规定》第二条规定，民法典施行前的法律事实引起的民事纠纷案件，当时的法律、司法解释有规定，适用当时的法律、司法解释的规定，但是适用民法典的规定更有利于保护民事主体合法权益，更有利于维护社会和经济秩序，更有利于弘扬社会主义核心价值观的除外。代位继承法律界定范围的不断扩大，不仅体现我国法律对死者财产应更多流转在血亲家族的基本人文关怀，保障私有财产在血缘家族内部流转，还旨在倡导全社会形成尊老爱幼、重视亲情、养老敬老良好风尚的价值导向。本案中，王某才无配偶、子女、孙子女、外孙子女，且兄弟姐妹、父母、祖父母、外祖父母均已去世，第一顺序、第二顺序继承人均已丧失，王海兵作为王某才侄子，在王某才生前为其提供居住场所，在其死后负责丧葬事宜，与王某才存在一定的经济牵连、情感依赖关系，根据上述规定，王海兵有权代位继承王某才相关遗产。最后，在将死亡赔偿金参照遗产分配处理后，侵权人李玉明及肇事车辆承保公司浙商财保惠民支公司依法积极向死者代位继承亲属赔偿该项损失，符合中国社会老百姓的基本伦理道德认知和公平正义的司法理念。反之，则容易滋长“有损不赔”“撞了白撞”等不良价值导向，与弘扬社会主义核心价值观相悖。综上，无论是从死亡赔偿金法理属性、遗产代位继承法律规定，还是基本道德情理、私有财产的归属，王海兵均有权向侵权人主张死亡赔偿金，体现了情、理、法的有机统一。

关于能否主张精神损害抚慰金的问题。根据《最高人民法院关于确定民事侵权精神损害赔偿责任若干问题的解释》的相关规定，精神损害抚慰金是与财产变动无关的损害，是基于人身或者近亲属受到伤害所产生的精神痛苦而给予的精神抚慰费用。按照法律对近亲属范围的通常界定，主要含配偶、父母、子女、兄弟姐妹、祖父母、外祖父母、孙子女、外孙子女。本案中，王海兵作为王某才的侄子，不在上述近亲属范围内，双方也不存在抚养和被抚养关系，王海兵不属于精神抚慰金的赔偿权利人范围，结合精神抚慰金不得让与或者继承的精神损失属性，王海兵向侵权人主张精神损害抚慰金的诉请，二审法院依法不予支持。

据此，王海兵因王某才死亡产生各项损失为：死亡赔偿金 367221 元（52460.1 × 7）、丧葬费 43295 元、误工费 300 元、交通费 100 元，合计 410916 元。李玉明驾驶机动车与王某才驾驶电动自行车相撞，致王某才抢救无效于当日死亡，双方负事故的同等责任。根据《中华人民共和国道路交通安全法》第七十六条、《江苏省道路交通安全条例》第五十二条规定，对超出交强险限额部分可以减轻机动车一方 30% 至 40% 的赔偿责任，二审法院酌定机动车一方承担 60% 的赔偿责任。根据《最高人民法院关于审理道路交通事故损害赔偿案件适用法律若干问题的解释》第十六条规定及《浙商财产保险股份有限公司机动车综合商业保险条款》第二十七条第二项约定，王海兵因王某才死亡产生的 410916 元损失，应先由浙商财保惠民支公司在交强险范围内承担 110000 元，在商业三者险范围内承担 162494.64 元［（410916 - 110000）× 60% × 90%］，合计 272494.64 元。对因车辆超载依商业三者险合同约定由李玉明承担的 18054.96 元免赔额［（410916 - 110000）× 60% × 10%］，王海兵已在二审中放弃主张该费用，未违反相关法律规定，故二审法院对此予以准许，李玉明在本案中不再承担赔偿责任。

综上，王海兵的上诉请求部分成立。依照《中华人民共和国民法典》第一千一百二十八条，《中华人民共和国侵权责任法》第十六条、第十八条，《中华人民共和国道路交通安全法》第七十六条，《江苏省道路交通安全条例》第五十二条，《最高人民法院关于适用〈中华人民共和国民法典〉时间效力的若干规定》第二条，《最高人民法院关于审理道路交通事故损害赔偿案件适用法律若干问题的解释》第十六条，《中华人民共和国民事诉讼法》第一百七十条第一款第二项之规定，盐城市中级人民法院于 2021 年 1 月 1 日作出（2020）苏 09 民终 4035 号民事判决：

一、撤销江苏省响水县人民法院（2020）苏 0921 民初 1955 号民事判决；

二、浙商财产保险股份有限公司滨州市惠民支公司于本判决生效后 10 日内赔偿王海兵因王某才死亡造成的各项损失合计 272494.64 元；

三、驳回王海兵的其他诉讼请求。

案例报送单位：盐城市中级人民法院
二审合议庭成员：唐艳玲、荀玉先、张海静
报送人：唐艳玲
审稿人：宋大振

江苏苏醇酒业有限公司
及关联公司实质合并破产重整案

（2021）参阅案例 15 号

【裁判摘要】

在破产重整过程中，当破产企业面临生产许可证等核心优质资产灭失、机器设备闲置贬损等风险，投资人亦希望通过试生产全面了解企业经营实力的，管理人可以向人民法院申请由投资人先行投入部分资金进行试生产。鉴于破产企业核心资产的存续直接影响到破产重整目的的实现，管理人申请由投资人试生产有利于恢复破产企业持续经营能力，有利于保障各方当事人的利益，该试生产申请符合破产保护理念，故人民法院经审查，可以准许。同时，投资人试生产在获得准许后，应接受人民法院、管理人及债权人的监督，以公平保护各方的合法权益。

【相关法条】

《中华人民共和国企业破产法》第一条　为规范企业破产程序，公平清理债权债务，保护债权人和债务人的合法权益，维护社会主义市场经济秩序，制定本法。

第二条　企业法人不能清偿到期债务，并且资产不足以清偿全部债务或者明显缺乏清偿能力的，依照本法规定清理债务。

企业法人有前款规定情形，或者有明显丧失清偿能力可能的，可以依照本法规定进行重整。

第二十六条　在第一次债权人会议召开之前，管理人决定继续或者停止债务人的营业或者有本法第六十九条规定行为之一的，应当经人民法院许可。

第八十六条　各表决组均通过重整计划草案时，重整计划即为通过。

自重整计划通过之日起十日内，债务人或者管理人应当向人民法院提出批准重整计划的申请。人民法院经审查认为符合本法规定的，应当自收到申请之日起三十日内裁定批准，终止重整程序，并予以公告。

【点评】

本案是最高人民法院公布的第二批全国法院服务保障疫情防控期间复工复产典型案例，是人民法院充分发挥司法职能，营造高效优质营商环境的生动实践。本案中，法院通过精准识别，依法裁定苏醇酒业及其关联公司实质合并破产重整，节约了司法资源，依法保护了债权人的合法权益。在重整过程中，法院综合考虑破产重整企业资产及经营优势、合并破产重整后债权人的清偿、出资人权益调整等因素，引进投资人，将重整与试生产同步进行，帮助企业酒精生产资质获得延续，全力保障尚具潜质企业破茧重生，保证了破产重整与恢复生产无缝衔接、平稳过渡，顺应了市场需求。监督期正处当地疫情防控关键时期，为确保重整计划顺利执行，法院多次实地走访，对企业重整计划执行过程中存在的股权变更、项目审核、用工组织、信用修复、银行贷款等多个问题及时调研并协助解决，切实消除企业后顾之忧，帮助企业迅速恢复产能，及时向防疫一线供应消毒用酒精等防疫物资，实现了企业重整与服务疫情防控的双赢。

申请人：江苏苏醇酒业有限公司、徐州得隆生物科技有限公司、徐州瑞康食品科技有限公司。

2017 年 12 月 29 日，江苏苏醇酒业有限公司（以下简称苏醇酒业）、徐州得隆生物科技有限公司（以下简称得隆公司）、徐州瑞康食品科技有限公司（以下简称瑞康公司）因长期负债经营、严重资不抵债，以引进投资人、重振企业为由，分别向睢宁县人民法院申请破产重整。睢宁县人民法院经审查认为，三公司基础和发展前景较好，酒精生产资质属于稀缺资源，具有重整价值，遂于 2018 年 1 月 12 日分别裁定受理苏醇酒业、德隆公司、瑞康公司申请破产重整案，并于 2018 年 1 月 18 日分别指定三公司清算组为管理人。2018 年 5 月 25 日，苏醇酒业、得隆公司、瑞康公司管理人以三公司的实际控制人均为李某、陈某，三公司的法人人格高度混同，资产难以区分，符合关联企业实质合并破产重整的条件，向睢宁县人民法院申请对三公司进行实质合并破产处理。

睢宁县人民法院经审查认为，三公司在经营、财务、人员、管理等方面出现高度混同，且区分各关联企业成员财产的成本过高，遂依照《全国法院破产审判工作会议纪要》第 32 条的规定，于 2018 年 6 月 25 日作出（2018）苏 0324 破 1 号民事裁定书，裁定苏醇酒业、得隆公司、瑞康公司实质合并破产重整，并指定苏醇酒业管理人担任上述三公司合并重整管理人。

苏醇酒业管理人依法接管三公司后，即开展核查债权债务并招募重整投资人。经综合评定，最终选定徐州常青生物科技有限公司为重整方。但在重整过程中，苏醇酒业面临停产停业后酒精生产许可证脱审、酒精生产资质被取消且后续难以再行获得的紧急情况。此外，苏醇酒业还面临着环保、消防验收、机器设备长时间闲置受损等外部压力，公司职工也存在安置困难等问题。

苏醇酒业管理人与投资人徐州常青生物科技有限公司沟通后，向睢宁县人民法院申请允许投资人徐州常青生物科技有限公司提前进场，投入部分资金重新启动酒精生产线进行试生产，用以保证该企业酒精生产资质延续。

睢宁县人民法院经审查认为，管理人所提出的债务人面临的相关问题真实存在，如企业赖以生存的酒精生产许可证灭失，则该企业的核心资产将不复存在，重整亦将失去意义。因债务人目前没有足够的资金供管理人使用，由投资人先行投入资金进行试生产可以解决重整过程中企业所面临的困境，亦能使企业资产保值、增值，充分保障债务人及债权人的利益，维护社会稳定，更有利于重整后企业的发展。破产管理人的申请，符合破产保护理念，亦不违反法律法规的相关规定，应予以准许。

关于是否允许投资人试生产的问题，法院在作出决定前，主要考虑了以下因素：

一、试生产的必要性

首先，破产企业面临着严峻的形势：一是苏醇酒业面临停产停业后酒精生产许可证脱审、生产资格将被取消风险，且该资质灭失后难以再行获得，重整也将失去意义；二是该企业还面临环保、消防验收、机器设备长时间闲置受损等外部压力；三是原企业内部技术人员流失严重，职工因企业停产生活困难，极易产生群体事件；四是企业管理层陷于瘫痪状态，无能力继续进行相关工作，公司账面无可用资金供管理人化解危机。

其次，投资人参与重整程序最大的风险在于投出的资金及资产的安全性，投资人希望通过试生产全面了解企业实际状况及生产活力与动能，为重整后恢复经营提供保障。

最后，苏醇酒业作为当地生物科技领域的原龙头企业，对区域产业链的优化、转型及发展起到举足轻重的作用，在经济高质量发展的需求下，当地党委、政府亟须企业恢复产能，带动上下游产业发展，解决就业问题，维护社会稳定。

综上，如不准许投资人进行试生产，则会给企业造成不可挽回的巨大损失，一旦失去酒精生产许可证，该企业的核心资产就不复存在，即便最后重整成功，企业也失去了核心竞争力。因此，允许投资人试生产是必要而迫切的。

二、试生产的利益衡平

成熟的破产重整制度应具有以下良性效果：通过重整拯救处于困境但又有存在价值的企业，使其恢复盈利能力，继续经营，使企业职工就业生存权得到保障，债权人的债权得到合理的清偿，投资人的收益得到实现，各方的利益得到公平保护，从而实现社会安定、经济的稳定和发展。因此，在进行利益衡平时，一些核心的价值理念是公司重整时必须充分考虑的，这些理念就是公平与效率，灵活性与可预见性。允许企业试生产可以均衡各方利益，一是在投资人试生产前，债务人现有资产已经审计、评估后予以确认，根据管理人与投资人达成的投资协议，重整企业的偿债资金数额、来源也已确定，投资人进场试生产与重整企业清偿债务之间并不产生冲突；二是投资人投入部分资金进行试生产，有利于投资人充分了解企业情况及运营能力，为重整后企业发展打下基础；三是试生产能够恢复重整企业部分产能，使企业优质资产保值、增值；四是可以保障债权人的债权不受贬损，提高受偿比例；五是重整企业恢复一定规模的生产亦能解决破产企业因停产而面临的环保、消防安全、职工稳定等迫切问题，对企业重整有利无害。

三、试生产的法律及理论依据

首先，虽然《中华人民共和国企业破产法》及相关司法解释对于投资人能否在接管企业前，提前进场进行试生产，没有具体法律规定，但为了实现破产法的拯救功能，在特定情况下，准许投资人进场试生产，通过市场化、法治化途径挽救困境企业，是符合我国破产审判需要的。

其次，虽然投资人试生产可以解决投资人接管企业前，企业面临的上述问题，但为了避免投资人不合理的生产方式，损害破产重整中其他权利主体的利益，其试生产仍应以取得法院或债权人的批准或同意为宜，并接受法院、管理人以及债权人的监督。

最后，由于我国现行破产法律规定尚不完善，在破产审判工作中，人民法院应强化服务大局意识，自觉增强工作的预见性和创造性，用创新思维解决破产重整过程中遇到的新困难、新问题，探索为企业破产重整提供长效保障机制。

综上，为了维护各方主体的利益，确保重整后的企业能够迅速复工复产，实现企业重整的社会价值和经济价值，睢宁县人民法院在获得各方利益主体同意的前提下，遂允许投资人提前进场试生产。

四、试生产的社会价值

一是法院批准企业在重整期间进行试生产，通过破产程序与企业试生产同步进行，可以保证重整与复工复产无缝衔接、平稳过渡，全力保障尚具潜质企业涅槃重生。二是在疫情防控背景下，试生产为企业复工生产排忧解难，使消毒防疫物资迅速驰援一线，体现了人民法院的司法担当，为辖区民营企业，特别是中小微企业的发展营造了优质高效的营商环境，用精准的司法服务为企业复工复产提供了高质量的司法保障。三是该企业系区域生物科技领域的潜质企业，对经济产业结构优化、转型、升级具有显著推动作用，适应经济高质量发展的大局要求。

据此，睢宁县人民法院于 2019 年 7 月 5 日作出（2018）苏 0324 破 1 号之四决定书，准许投资人徐州常青生物科技有限公司进行试生产。

投资人进场后，苏醇酒业重新启动生产线，酒精生产许可获得延续，破产重整与恢复生产无缝衔接、平稳过渡。

2019 年 11 月 30 日、12 月 1 日，苏醇酒业第二次债权人会议召开，各代表债权组均表决通过了苏醇酒业管理人提交的重整计划草案。苏醇酒业管理人向睢宁县人民法院提请批准《江苏苏醇酒业有限公司破产重整计划草案》。

睢宁县人民法院认为,各债权人表决组同意重整计划草案的人数均已超过各组到会的有表决权债权人总数的二分之一,且其所代表的债权金额均占该组债权总额的三分之二以上,因此,该重整计划通过。该重整计划内容符合法律规定,公平对待债权人,且该经营方案具有可行性。据此,依照《中华人民共和国企业破产法》第八十六条之规定,睢宁县人民法院于2019年12月2日作出(2018)苏0324破1号之一裁定:

一、批准江苏苏醇酒业有限公司重整计划;

二、终止江苏苏醇酒业有限公司重整程序。同时,依法预留两个月监督期。

案例报送单位:睢宁县人民法院

合议庭成员:叶利成、张志瑶、张园园

报送人:张志瑶、郑　韬、吴皓月

审稿人:缪　芳

张建华诉海安市人民政府房屋征收补偿决定案

(2021)参阅案例16号

【裁判摘要】

对被征收人因征收非居住房屋造成的搬迁,行政机关应当依照《国有土地上房屋征收与补偿条例》的规定给予合理补偿。行政机关依照法定程序作出房屋征收补偿决定,该决定遗漏因征收房屋造成的搬迁、临时安置、停产停业损失等补偿内容,遗漏内容尚不足以对被征收人基本权利构成显著且无法恢复的不利影响,人民法院经审理能够确定相关具体补偿金额的,可以依照《中华人民共和国行政诉讼法》第七十七条第一款的规定,直接判决变更征收补偿决定中的总补偿额。

【相关法条】

1.《国有土地上房屋征收与补偿条例》第十七条　作出房屋征收决定的市、县级人民政府对被征收人给予的补偿包括:

（一）被征收房屋价值的补偿；

（二）因征收房屋造成的搬迁、临时安置的补偿；

（三）因征收房屋造成的停产停业损失的补偿。

…………

2.《中华人民共和国行政诉讼法》第七十七条　行政处罚明显不当，或者其他行政行为涉及对款额的确定、认定确有错误的，人民法院可以判决变更。

人民法院判决变更，不得加重原告的义务或者减损原告的权益。但利害关系人同为原告，且诉讼请求相反的除外。

【点评】

行政诉讼中，变更判决是撤销并责令重作判决的例外。相对于撤销并责令重作，变更判决具有效率上的优势，避免了当事人因为行政机关不重作或者乱重作而遭受“二次伤害”；但变更判决系由法院直接改变行政行为的内容，存在可能逾越司法权必要界限的风险。因此，变更判决原则上应被限制在“行政机关没有裁量和判断余地或者裁量权收缩为零”的情形，此时法院通过变更而非撤销行政行为，可以更好地平衡诉讼效率和权力分工之间的关系，充分发挥行政诉讼解纷、救济和监督的整体功能。本案裁判认为，行政机关作出征收补偿决定遗漏搬迁补偿等内容，人民法院通过审理能够确认遗漏项目的具体补偿金额的，可以依照《中华人民共和国行政诉讼法》第七十七条第一款有关“其他行政行为涉及对款额的确定、认定确有错误的，人民法院可以判决变更”的规定，判决变更被诉房屋征收补偿决定的总补偿额，进而一次性、彻底解决行政争议，更好兼顾社会公共利益和被征收人的合法权益。

原告：张建华，女，58 岁，住海安县海安镇。

被告：海安市人民政府，住所地海安市长江中路 106 号。

张建华因与海安市人民政府（以下简称海安市政府）房屋征收补偿决定一案，向南通市中级人民法院提起诉讼。

张建华一审诉称：海安市政府作出的房屋征收补偿决定实体和程序上均存在违法之处，给予原告的补偿标准低于市场价值，侵犯了原告的合法权益，请求撤销该征收补偿决定。

海安市政府一审辩称：案涉区域征收基于公共利益，征收决定合法有效；因房屋征收部门与原告未能达成征收补偿协议，海安市政府作出补偿决定符合法律规定；

案涉评估机构选定程序合法,所作评估报告可以作为征收补偿决定的依据,补偿决定未侵犯原告的合法权益。请求驳回原告的诉讼请求。

南通市中级人民法院一审审理查明:

2016 年 7 月 28 日,原海安县住房和城乡建设局发布国有土地上房屋征收评估报名公告。8 月 1 日,原海安县人民政府作出海政房征字〔2016〕4 号房屋征收决定,并于当日发布征收决定公告,张建华所有的房屋位于该征收决定范围内。同日,原海安县住房和城乡建设局发布房屋征收评估机构选定公告,确定海政房征字〔2016〕4 号房屋征收决定范围内南标段有 3 家具有相应资质的房地产价格评估机构报名,公告确定评估机构协商选定意见表回收时间为 2016 年 8 月 8 日。8 月 9 日,江苏省海安县公证处出具(2016)通海证民内字第 325 号公证书,证明选择南通建达房地产土地评估有限公司(以下简称建达评估公司)为评估机构的意见表超过本区域被征收人总户数投票数的 50%。根据房屋征收评估机构选定意见的规定,视为协商成功,建达评估公司为本次工程房屋征收选定评估机构。8 月 10 日,原海安县住房和城乡建设局发布房屋征收评估机构确定公告。

2017 年 4 月 18 日,建达评估公司出具通建达(16 宁西征)字第 122 号《房屋征收分户估价报告》,报告载明:产权人为张建华的车库面积为 32.3 平方米,单价为 6800 元每平方米,补偿额为 219640 元,自建房 3.96 平方米,单价为 828 元每平方米,补偿额为 3278.88 元,装饰装修及附属物补偿合计 44563.2 平方米。该评估报告于 4 月 19 日向张建华送达。7 月 10 日,建达评估公司出具通建达(16 宁西征)字第 12201 号《房屋征收分户估价报告》,对自建房部分,由原 3.96 平方米更正为 6.35 平方米,补偿额更正为 5258 元,其余未作变更。该评估报告于 7 月 13 日向张建华送达。

2017 年 7 月 15 日,张建华提出复核评估申请,要求确认房屋坐落地址为宁海路 A 号 -10、确认房屋合法建筑面积另有 70 平方米以内 50% 享受、确认土地使用权面积、确认经营用房、确认其他补助。同时要求对封阳台的自建房部分计算为合法建筑面积。7 月 18 日,建达评估公司对张建华户提出的异议进行了回复,回复主要内容为:评估报告中已明确标明房屋坐落,房屋及土地的合法性质应由有权部门确定,是否为经营用房应以权属资料为准。建达评估公司于 7 月 26 日向张建华邮寄送达该回复。

征收过程中,征收部门与张建华进行了多次协商,并在周边安排了多处车库供其选择,但张建华坚持认为应给予其营业用房安置,致协调未果。

2017 年 8 月 30 日,原海安县人民政府作出海政征补字〔2017〕21 号《房屋征收补偿决定书》,认定被征收人张建华的房屋坐落于海安县中城街道宁海中路 A 号 -10(楼房底层西起第二间),建筑面积为 32.3

平方米，用途为车库。根据评估结果确定张建华的房屋补偿为：被征收房屋价值补偿 219640 元、装饰装修及附属物补偿 44563.2 元、改变房屋用途停业损失补偿 43928 元，合计补偿 308131.2 元，由海安市人民政府支付张建华。张建华自征收决定公告之日起 15 日内，完成搬迁、交付被征收房屋。补偿决定于当日予以公告。

另查明，案涉房屋由张建华于 2000 年 6 月从南通市立发房地产开发有限公司购买取得，合同鉴证书载明，标的为车库，总金额 30000 元。案涉房屋位于海安市宁海中路 A 号，张建华购买后用于理发经营，营业执照载明的经营场所为宁海中路 A 号－10（车库）。

还查明，2018 年 5 月，《江苏省政府关于撤销海安县设立县级海安市的通知》发布，撤销海安县，设立县级海安市。

南通市中级人民法院一审审理认为，本案的争议焦点主要有两个方面：一是案涉评估报告能否客观反映被征收房屋的市场价值，能否作为被诉补偿决定的主要依据；二是被诉补偿决定确定的补偿方式、补偿内容、补偿数额是否合法。

一、关于涉案评估报告能否客观反映被征收房屋市场价值，能否作为被诉补偿决定主要依据的问题

根据《国有土地上房屋征收与补偿条例》（以下简称《征收与补偿条例》）第十九条、第二十条以及《国有土地上房屋征收评估办法》的规定，人民法院审查评估报告是否合法，能否作为补偿决定的依据，主要审查评估机构选定程序是否合法、评估对象和内容是否全面、评估方法是否适当等方面。

涉案评估机构系征收双方协商选定且经公证部门公证确定，符合法律规定。评估对象和内容主要涉及被征收房屋地址、性质和用途、评估补偿面积等方面。被征收房屋坐落地址与张建华提交的营业执照载明的经营场所一致，而补偿决定中有关“宁海中路 A 号－10（楼房底层西起第二间）”的表述，其字面意思与评估报告及营业执照载明的房屋地址相同，并不会引起任何误解，亦与客观事实相符。评估报告认定涉案房屋用途为车库，与涉案商品房购销合同鉴证书、商品房规划图纸、照片等证据材料反映内容一致，具有事实根据。虽然张建华将车库作为经营性用房实际使用，但不能据此改变被征收房屋原有规划用途，结合《国有土地上房屋征收评估办法》第十四条的规定，对张建华相应合法经营性损失，依法亦应当纳入补偿范围。由于涉案房屋未进行权属登记，评估机构经现场测绘，并结合房屋购买时的相关资料，确定被征收房屋合法面积为 32.3 平方米，符合客观事实。评估报告结合征收补偿方案有关“经规划批准建设的车库按补偿基准价结合相应的等级成新评估补偿”等规定，并结合涉案房屋实际用于理发经营的事实，经综合考虑被征收房屋的区位、用途、建筑结构、新旧程度、建筑面积以及占地面积、土地使用权等影响被征收房屋价值因素，评估确定被征收房屋评估单价

为6800元每平方米，符合《国有土地上房屋征收评估办法》第十三条的规定精神，依法应予支持。在征收评估过程中，经张建华申请复核评估，评估机构亦依法出具复核结果报告，载明评估报告系依据被征收房屋的相应资料等依法确定，张建华也未向房地产价格评估专家委员会申请鉴定。因此，涉案评估报告依法能够作为海安市政府作出补偿决定的主要依据。

二、关于被诉补偿决定确定的补偿方式、补偿内容、补偿数额等是否合法的问题

因涉案评估报告依法能够作为被诉补偿决定的主要依据，故对补偿决定结合评估报告主要内容所确定的补偿标准及数额，依法均予确认。本案中，对被诉补偿决定的合法性审查，主要涉及确定货币补偿方式是否合法、确定停产停业损失补偿是否适当、是否遗漏搬迁费用三个方面。

(一)关于确定货币补偿方式是否合法。首先，涉案房屋为商品房地上一层车库，是作为居住用房的配套设施予以规划建设，且张建华至今未取得相应的权属证书。其次，就房屋的属性而言，应当依照相应的规划性质予以确认，涉案车库并不因买受人在取得后所作不同用途而发生变化。最后，在征收协调过程中，征收部门提供了多处车库供张建华选择，但张建华坚持要求安置具有合法产权的经营性用房，张建华的该项主张既超过了法律规定的补偿范围，也使海安市政府无法据此作出相应的产权调换安排。因此，在征收双方经多轮协商仍未能签订补偿协议的情况下，海安市政府决定以货币方式实施补偿，并未侵犯被征收人的补偿利益。

(二)关于确定停产停业损失补偿是否适当。《征收与补偿条例》第十七条第一款规定，对被征收人给予的补偿包括因征收房屋造成的停产停业损失的补偿，涉案补偿方案也有关于停产停业损失的规定。本案中，车库评估价值为219640元，补偿决定确定改变房屋用途停业损失补偿为219640的20%，即43928元并无不当。对于张建华主张的应按照经营性用房计算停产停业损失的问题，由于张建华理发经营免于征税，按征收商业经营性房屋计算停产停业损失的数额远低于43928元。因此，被诉征收补偿决定确定停产停业损失43928元，符合上述法律规定和征收补偿方案规定，亦未侵犯张建华的合法利益。

(三)关于是否遗漏搬迁费用。《征收与补偿条例》第十七条第一款规定，对被征收人给予的补偿包括因征收房屋造成的搬迁、临时安置的补偿。第二十二条规定，因征收房屋造成搬迁的，房屋征收部门应当向被征收人支付搬迁费。第二十五条第一款规定，房屋征收部门与被征收人依照本条例的规定，就补偿方式、补偿金额和支付期限、用于产权调换房屋的地点和面积、搬迁费、临时安置费或者周转用房、停产停业损失、搬迁期限、过渡方式和过渡期限等事项，订立补偿协议。综上，对因征收产生的搬迁费用，《征收与补偿条例》并没有区分居住房屋和非居住房屋予以规定。事实上，无论是征收国有土地上居住房屋还是

非居住房屋，均可能涉及对屋内财产搬迁、转移和安置问题，因而，征收主体在补偿协议或者补偿决定中宜确定相应搬迁费用，以充分保障被征收人补偿安置利益。本案中，被征收房屋实际用途为经营理发业务，屋内相应的生产生活必须用品确需搬迁、转移和保管，将会发生相应的搬迁补偿或者补助费用。被诉补偿决定未确定该搬迁费用，不符合上述规定精神。同时，参照涉案征收补偿方案有关“征收商业经营性用房，按合法建筑面积给予50元每平方米搬迁补偿”的规定，并结合被征收房屋合法建筑面积，可以确定该遗漏部分具体为1615元，海安市政府亦表明其愿意按照征收补偿方案确定的经营性用房标准支付相应搬迁补偿费用。

海安市政府作出的被诉补偿决定遗漏补偿内容，属于行政行为明显不当，根据《中华人民共和国行政诉讼法》第七十条的规定，“行政行为有下列情形之一的，人民法院判决撤销或者部分撤销，并可以判决被告重新作出行政行为：……（六）明显不当的”，人民法院可以判决撤销被诉补偿决定，并责令海安市政府重新作出行政行为。

但是，结合《中华人民共和国行政诉讼法》第一条有关“为保证人民法院公正、及时审理行政案件，解决行政争议，保护公民、法人和其他组织的合法权益，监督行政机关依法行使职权，根据宪法，制定本法”的规定精神，人民法院在具体审判工作中，仍应注重发挥行政诉讼解纷、救济和监督的整体功能，选择运用适当的判决方式，既注重解纷，尽量平息争议；又注重救济，及时补救、恢复行政相对人合法权益；还注重监督，依法纠正违法行政行为，统筹体现行政审判的法律效果和社会效果。

《中华人民共和国行政诉讼法》第七十二条规定：“人民法院经过审理，查明被告不履行法定职责的，判决被告在一定期限内履行。”第七十三条规定：“人民法院经过审理，查明被告依法负有给付义务的，判决被告履行给付义务。”第七十七条第一款规定：“行政处罚明显不当，或者其他行政行为涉及对款额的确定、认定确有错误的，人民法院可以判决变更。”《最高人民法院关于适用〈中华人民共和国行政诉讼法〉的解释》第九十一条还规定：“原告请求被告履行法定职责的理由成立，被告违法拒绝履行或者无正当理由逾期不予答复的，人民法院可以根据行政诉讼法第七十二条的规定，判决被告在一定期限内依法履行原告请求的法定职责。”结合上述规定精神，人民法院在义务诉讼中，经审理查明案件事实和相应行政实体法律法规等规定后，可以迳行判决行政机关履行具体的给付义务，而非仅在抽象意义上判决行政机关履行法定职责。同理，人民法院在撤销诉讼中，也可以结合案件具体情况和审判需要，选择适用撤销或者部分撤销被诉行政行为、撤销被诉行政行为并责令行政机关重新作出行政行为、变更被诉行政行为等不同判决方式，以实质化解行政争议，实现案结事了。

具体到本案，虽然被诉补偿决定未确定具体搬迁费用补偿问题，但补偿决定作出程序以及作为补偿决定主要依据的评估报告本身并不违法，补偿决定所确定的补偿方式以及其他各项补偿内容、补偿标准和补偿数额，也均符合法律规定；而较之于补偿决定确定的整体补偿数额，搬迁费用补偿数额相对占比较小，遗漏搬迁费用，尚不足以对被征收人基本权利构成显著且无法恢复的不利影响。如果人民法院仅以被诉补偿决定遗漏搬迁费用为由，判决撤销被诉补偿决定、责令被告重新作出行政行为，虽然并不违反法律规定，但显然既增加原告维权成本，也增加被告行政负担；既不利于案涉征收补偿行政法律关系迅速稳定，也不利于案涉公共利益征收和后续项目建设有序开展。因此，结合上述《中华人民共和国行政诉讼法》立法宗旨和具体规定精神，为彻底、有效化解本案行政争议，减少相应社会和司法成本，对本案被诉补偿决定遗漏搬迁费用问题，可以认为属于《中华人民共和国行政诉讼法》第七十七条第一款规定的行政机关作出行政行为涉及对款额的确定、认定确有错误情形，人民法院依法可以判决变更，即在原补偿决定确定的补偿数额基础上判决增加相应经依法确定的搬迁费用1615元，而不判决撤销被诉补偿决定并责令海安市政府重新作出行政行为。

综上，依照《中华人民共和国行政诉讼法》第七十七条第一款之规定，南通市中级人民法院于2018年7月30日作出(2018)苏06行初34号行政判决：

变更被告海安市人民政府于2017年8月30日作出的海政征补字〔2017〕21号《房屋征收补偿决定书》中“海安县中城街道宁海中路A号-10被征收房屋总补偿为308131.2元”，改为“总补偿为309746.2元”。

一审判决后，张建华不服，向江苏省高级人民法院提起上诉称：(1)原审法院已认定涉案房屋为合法经营，且实际使用数年，故应当按照合法建筑、参照经营用房补偿标准对上诉人进行补偿，被上诉人适用每平方米6800元的标准对上诉人进行补偿缺乏事实和法律依据。(2)涉案评估报告仅依据规划用途进行评估，不符合《国有土地上房屋征收评估办法》等相关规定，原审判决认可该评估报告属认定事实错误。(3)被诉补偿决定确定的补偿项目不全，遗漏了应予补偿的内容，没有给被征收人公平补偿。综上，请求撤销原审判决，撤销被诉补偿决定，责令被上诉人海安市政府重新作出补偿决定。

海安市政府答辩称：(1)涉案项目系旧城改造工程，符合公共利益的需要，被上诉人作出的房屋征收决定合法有效；(2)被上诉人作出被诉补偿决定程序合法、补偿公平合理，补偿决定中确定的补偿价格合理有据，未侵犯上诉人的合法权益；(3)涉案被征收房屋没有产权证，不应给予搬迁费补偿，原审法院判决变更不妥。综上，请求依法审查，驳回上诉人的上诉。

江苏省高级人民法院二审审理，确认

了一审查明的事实。

江苏省高级人民法院二审审理认为，根据《征收与补偿条例》第四条第一款、第二十六条的规定，海安市政府作为涉案房屋行政区域内的一级政府，具有作出房屋征收补偿决定的法定职权，本案的争议焦点是海安市政府作出的补偿决定是否合法。

一、关于被征收房屋面积、性质的认定问题

根据《国有土地上房屋征收评估办法》第九条的规定，对于已经登记的房屋，其性质、用途和建筑面积，一般以房屋权属证书和房屋登记簿的记载为准。由于涉案房屋未进行权属登记，评估机构经现场测绘，并结合房屋购买时的相关资料，认定涉案房屋用途为车库、确定被征收房屋合法面积为32.3平方米，符合客观事实。

二、关于涉案评估报告是否合法的问题

涉案评估机构系征收双方协商选定且经公证部门公证确定，符合法律规定。被征收房屋坐落于海安市宁海中路A号-10，评估报告载明涉案房屋坐落“宁海中路A号底层西起第2间”并不会引起误解。评估报告认定涉案房屋用途为车库，与涉案商品房购销合同鉴证书等证据材料反映内容一致，虽然张建华将车库用于理发经营，但不能据此改变被征收房屋原有的规划用途。评估报告根据征收补偿方案有关规定，结合涉案房屋实际用于理发经营的事实，经综合考虑被征收房屋的区位、用途、建筑结构、新旧程度、建筑面积以及占地面积、土地使用权等影响被征收房屋价值因素，采用市场比较法评估确定被征收房屋评估单价为6800元每平方米，符合《国有土地上房屋征收评估办法》第十三条规定精神。张建华不服评估结果，申请复核评估，评估机构亦依法回复，载明评估报告系依据被征收房屋的相应资料等依法确定，对评估结果不作更改。张建华未向房地产价格评估专家委员会申请鉴定。因此，涉案评估报告依法能够作为海安市政府作出补偿决定的主要依据。上诉人认为评估报告不合法的主张二审法院不予支持。

三、关于补偿方式、补偿范围和补偿价值是否准确、合法的问题

涉案征收决定附件《房屋征收安置补偿方案》中确定了两种补偿方式即货币补偿和产权调换，符合法律规定。由于涉案房屋为商品房地上一层车库，是作为居住用房的配套设施予以规划建设，涉案车库的性质并不因买受人在取得后所作不同用途而发生变化，且张建华至今未取得相应的权属证书，张建华坚持要求安置具有合法产权的经营性用房，该项主张超过了法律规定的补偿范围。因此，在征收双方经多轮协商仍未能签订补偿协议的情况下，海安市政府决定以货币方式实施补偿，并未侵犯张建华的补偿利益。

根据《征收与补偿条例》第十七条第一款的规定，作出房屋征收决定的市、县级人民政府对被征收人给予的补偿包括：被征收房屋价值的补偿；因征收房屋造成的

搬迁、临时安置的补偿;因征收房屋造成的停产停业损失的补偿。根据《江苏省贯彻实施〈国有土地上房屋征收与补偿条例〉若干问题的规定》第七条的规定,被征收房屋的价值,由具有相应资质的房地产价格评估机构依法评估确定。本案中,被征收房屋实际用途为经营理发业务,屋内相应的生产生活必须用品确需搬迁、转移和保管,将会发生相应的搬迁补偿或者补助费用。被诉补偿决定未确定该有关搬迁费用,不符合上述规定精神。原审法院参照涉案征收补偿方案有关"征收商业经营性用房,按合法建筑面积给予50元每平方米搬迁补偿"的规定,并结合被征收房屋合法建筑面积、实际用途等情况,判决海安市政府增加搬迁补偿费用1615元,并无不当。

四、关于作出涉案补偿决定的程序是否合法问题

在案证据可以证明征收实施单位对房屋征收范围内房屋的权属、区位、用途、建筑面积等情况进行了调查登记,对调查结果在房屋征收范围内向被征收人公布,符合《征收与补偿条例》第十五条的规定。征收实施单位对分户的初步评估结果、分户评估报告均在征收范围内进行了公告公示。在作出补偿决定前,与上诉人进行了多次协商,补偿决定作出后,亦向上诉人进行了送达。因此,应当认定补偿决定符合《征收与补偿条例》及相关法律规定的程序要求。

据此,依照《中华人民共和国行政诉讼法》第八十九条第一款第一项之规定,江苏省高级人民法院于2019年5月22日作出(2018)苏行终1769号行政判决:

驳回上诉,维持原判。

案例报送单位:南通市中级人民法院
一审法院合议庭成员:刘羽梅、仇秀珍、鲍　蕊
二审法院合议庭成员:郑琳琳、季　芳、黄　河
报送人:刘羽梅、殷　勤
审稿人:戴鲁霖

左勇、徐鹤污染环境刑事附带民事公益诉讼案

（2021）参阅案例 17 号

【裁判摘要】

环境污染事故发生后，为防止污染扩大、消除污染所采取的应急处置措施应当遵循合理、必要的原则。因采取应急处置措施而产生的处置费用，人民法院应对其合理性、必要性进行审查，对于过度处置产生的额外费用，在认定公私财产损失及确定生态环境损害数额时应予扣除。

【相关法条】

1.《中华人民共和国刑法》第三百三十八条　违反国家规定，排放、倾倒或者处置有放射性的废物、含传染病病原体的废物、有毒物质或者其他有害物质，严重污染环境的，处三年以下有期徒刑或者拘役，并处或者单处罚金；情节严重的，处三年以上七年以下有期徒刑，并处罚金；有下列情形之一的，处七年以上有期徒刑，并处罚金：

（一）在饮用水水源保护区、自然保护地核心保护区等依法确定的重点保护区域排放、倾倒、处置有放射性的废物、含传染病病原体的废物、有毒物质，情节特别严重的；

（二）向国家确定的重要江河、湖泊水域排放、倾倒、处置有放射性的废物、含传染病病原体的废物、有毒物质，情节特别严重的；

（三）致使大量永久基本农田基本功能丧失或者遭受永久性破坏的；

（四）致使多人重伤、严重疾病，或者致人严重残疾、死亡的。

有前款行为，同时构成其他犯罪的，依照处罚较重的规定定罪处罚。

2.《最高人民法院、最高人民检察院关于办理环境污染刑事案件适用法律若干问题的解释》第十七条第四款　本解释所称“公私财产损失”，包括实施刑法第三百三十八条、第三百三十九条规定的行为直接造成财产损毁、减少的实际

价值,为防止污染扩大、消除污染而采取必要合理措施所产生的费用,以及处置突发环境事件的应急监测费用。

第十七条第五款　本解释所称“生态环境损害”,包括生态环境修复费用,生态环境修复期间服务功能的损失和生态环境功能永久性损害造成的损失,以及其他必要合理费用。

【点评】

生态环境是人类赖以生存和发展的前提和基础。面对突发环境污染事件,除了及时响应外,科学处置、精准施策也是污染防治的应有之义。处置程序不规范、处置方式不合理,在消耗国家资源的同时,也额外增加了处置费用的支出。处置费用不仅会影响侵权人应承担的生态环境损害赔偿数额,并且作为认定刑事部分公私财产损失的依据,而且会直接影响对被告人科以刑罚的程度。本案中,对于20余吨的废铝灰,用了400余吨的土壤进行覆盖,且在未确定废铝灰与土壤的混合物属性的情况下,直接按照危险废物以2800元/吨的价格委托相关企业进行处置,处置程序和处置方式明显不当,处置费用过高。法院在案件审理中,坚持以“审判为中心”,在对相关部门为消除危险、清除污染、防止损害后果进一步扩大采取应急处置措施予以认可的前提下,严格贯彻宽严相济、罚当其罪原则,对应急处置费用的合理性、必要性予以审查,对因过度处置而产生的额外费用,不予支持。判决生效后,法院也及时向相关行政机关发出司法建议,督促其进一步规范环境污染事件处置程序。本案对解决污染环境刑事案件中公私财产损失的认定以及公益诉讼中必要合理费用的审查等问题,具有一定的指导意义,是人民法院依法惩治污染环境犯罪、保护生态环境,助力打好污染防治攻坚战的生动实践。

公诉机关暨附带民事公益诉讼起诉人:淮安市淮安区人民检察院。

被告人暨附带民事公益诉讼被告:左勇,男,42岁,初中文化,住江苏省淮安市。

被告人暨附带民事公益诉讼被告:徐鹤,男,53岁,初中文化,住江苏省淮安市。

淮安市淮安区人民检察院以被告人左勇、徐鹤犯污染环境罪,向盱眙县人民法院提起公诉,同时提起附带民事公益诉讼。

公诉机关指控:被告人徐鹤明知被告人左勇无危险废物经营许可证,仍在左勇位于淮安市淮安区车桥镇的厂房中筛选铝灰。2019年4月23日,为处理厂中剩余的铝灰,被告人左勇与被告人徐鹤雇佣他人在淮安市淮安区车桥镇大兴村夏某某家东侧开挖一敞开式面积约270平方米的坑塘,欲将废铝灰倾倒于此塘中。当晚向坑塘内倾倒了20余吨废铝灰时,倾倒的废铝灰冒烟并燃烧,后被群众发现制止并报警,致使公私财产损失人民币(以下币种同)1435188元。案发后,被告人左勇、徐鹤经电话通知至公安机关接受调查,归案后,左勇、徐鹤如实供述上述事实。经江苏新锐环境监测有限公司司法鉴定所鉴定,倾倒的废铝灰为具有浸出毒性特性的危险废物。

公诉机关认为,被告人左勇、徐鹤违反国家规定,倾倒危险废物,致使公私财产损失100万元以上,后果特别严重,其行为均应当以污染环境罪追究刑事责任。被告人左勇、徐鹤共同故意实施犯罪行为,系共同犯罪;二名被告人在共同犯罪中作用相当,依法均应当按照其所参与的全部犯罪处罚。被告人左勇、徐鹤有自首情节,依法均可以从轻处罚。被告人左勇、徐鹤自愿认罪认罚,均可以依法从宽处理。提请本院依法判处。

附带民事公益诉讼起诉人诉称:被告人左勇、徐鹤共同倾倒20余吨危险废物废铝灰,废铝灰起火冒烟散发刺鼻气味,经淮安市淮安区车桥镇人民政府(以下简称车桥镇政府)组织人员应急处置,清挖出废铝灰与土壤的混合物共计453.84吨,后车桥镇政府委托南京神鹿运输有限公司、南京中联水泥有限公司运输、处置上述混合物,运输、处置费用分别为43061元、1270752元。另外,处置上述混合物过程中,车桥镇政府还支付装车列支费用34614元。本次污染环境事件还产生财产损害费用3400元、应急监测费用7200元、清理费用76161元、生态环境损害费用18000元、鉴定等事务性费用400000元。以上费用共计1853188元,应当由两被告共同承担。请求判令:(1)被告左勇、徐鹤共同赔偿污染环境造成的财产损害费用3400元、应急处置费用1431788元、生态环境损害费用18000元以及检验、鉴定等其他合理费用400000元,合计1853188元。(2)被告左勇、徐鹤在淮安市级媒体上向社会公众公开赔礼道歉。

被告人左勇、徐鹤对指控事实及罪名没有异议,并表示认罪认罚,对公益诉讼起诉人的诉请不持异议。

被告人左勇的辩护人对起诉书指控的罪名不持异议,提出辩护意见如下:(1)认定公私财产损失1435188元明显不符合常理:①被告人左勇等人倾倒了约20吨废铝灰,但是混合了约433吨土壤去掩埋废铝灰,不符合常理,存在扩大财产损失的情况,应以合理的处理手段对应的费用作为确定被告人犯罪行为造成损失的依据。②根据省环科院出具的报告,涉案废铝灰与土壤的混合物处置费用预估为1000元/吨,与市场价相符,而车桥镇政府在处置过程中委托南京中联水泥有限公司处置的价格为2800元/吨,明显过高。另堆放在左勇厂房中的56.16吨废铝灰与上述混合物以同一价格处置也显失公平。③车桥镇政府与南京神鹿运输有限公司签订的委托处置合同中约定的2800元/吨是含运费的价格，起诉人却又重新主张了运输费用，明显不当。(2)被告人左勇具有自首情节，且认罪认罚。建议法庭对左勇从轻、减轻处罚并宣告缓刑。

被告人徐鹤的辩护人对起诉书指控的罪名不持异议，提出辩护意见如下：(1)徐鹤认为自己生产过程中产生的废铝灰是一般固废，不具备生产及填埋危险废物的主观故意，仅具备填埋自己生产产生的废铝灰及帮助左勇填埋废铝灰的主观故意，且涉案倾倒行为系左勇主动提出。(2)左勇厂房内堆放的还有左勇、田某某等人的铝灰渣，但是，侦查机关并未查清上述铝灰渣的具体来源，涉案危险废物有可能是他人在左勇厂区内熔炼、铸造产生的。(3)证人张某某与被告人左勇有利害关系，其证言不应当采信。(4)被告人徐鹤具有自首、认罪认罚情节，在此次犯罪过程中作用明显较低。(5)本案应急处置费用不合理。综上，建议法庭对被告人徐鹤宣告缓刑。

盱眙县人民法院经审理查明：2018年6月左右，被告人左勇未经相关部门审批，在淮安市淮安区车桥镇租赁一厂房用于生产铝锭，同时田某某等人也曾在该厂房生产铝锭。2019年3月左右，被告人徐鹤明知被告人左勇无危险废物经营许可证，仍在左勇上述厂房中筛选铝灰生产铝锭，并约定每筛选1吨铝灰支付左勇100元费用，至案发时共计支付左勇13000元。被告人左勇、徐鹤等人生产铝锭过程中产生的废铝灰堆放在左勇厂房中。

为尽快处理厂房中堆放的废铝灰，被告人左勇、徐鹤明知废铝灰随意倾倒会污染环境，仍商议将厂房内的废铝灰倾倒在淮安市淮安区车桥镇大兴村村民夏某某家东侧。2019年4月23日，被告人左勇、徐鹤安排挖机驾驶员在上述地点开挖一敞开式面积约270平方米的坑塘，在向坑塘内倾倒了20余吨废铝灰时，倾倒的废铝灰发热、冒烟，被群众发现制止并报警。

2019年4月27日，车桥镇政府组织人员对燃烧的废铝灰用泥土搅拌熄灭，经对搅拌后的废铝灰与土壤的混合物进行称重，合计453.84吨。

2019年4月24日，淮安市淮安区环境保护局委托江苏新锐环境监测有限公司司法鉴定所对坑塘内废铝灰进行取样鉴定、委托淮安翔宇环境检测技术有限公司对涉案坑塘下风向的空气与废气进行取样检测。2019年4月28日，经淮安翔宇环境检测技术有限公司检测，涉案坑塘下风向氨超标。2019年4月29日，经江苏新锐环境监测有限公司司法鉴定所鉴定，涉案倾倒的废铝灰13个样品中，有4个样品氟化物(浸出毒性)超出标准值，超标份样数超出了《危险废物鉴别技术规范》(HJ/T 298－2007)中规定的相应下限值，该废铝灰为具有浸出毒性特性的危险废物。《国家危险废物名录》(2021年版)也规定再生铝和铝材加工过程中，废铝及铝锭重熔、精炼、合金化、铸造熔体表面产生的铝灰渣及其回收铝过程产生的盐渣和二次铝灰属于危险废物。

2019年11月,江苏省环境科学研究院受车桥镇政府委托,编制应急处置方案认为:涉案废铝灰与土壤的混合物因经费及时间问题未进行危险废物属性鉴别工作,根据《国家危险废物名录》(2016年版)《危险废物豁免管理清单》第10条规定,建议采用水泥窑协同处置方式进行处置。后经该院对此次事件生态环境损害评估认为:本次污染事件无人身损害,存在财产损害,费用主要包括财产损害费用、应急处置费用和生态环境损害费用。财产损害费用为清理过程中造成农户的小麦、油菜、蚕豆、蔬菜损失共计3400元;应急处置费用包括应急监测费用7800元(实收7200元)、废铝灰与土壤的混合物的清理费用76161元、处置费用因暂未处置暂按1000元/吨估算;生态环境损害费用18000元(坑塘回填恢复,即填土费用)。

2020年3月18日,车桥镇政府委托南京中联水泥有限公司对废铝灰与土壤的混合物按照危险废物进行处置,处置单价为2800元/吨,该价格含税、含运费。

另外,本次污染环境事件还产生江苏新锐环境监测有限公司鉴定费用80000元、江苏省环境科学研究院应急处置方案费用70000元及生态环境损害评估费用250000元,合计400000元。

案发后,被告人左勇、徐鹤经电话通知主动到案,归案后均如实供述上述事实,并自愿认罪认罚。

上述事实,有公诉机关出示并经庭审质证、认证的被告人左勇、徐鹤的供述,证人证言及相关的书证、鉴定意见等证据证明。

审理期间,盱眙县人民法院通知鉴定人并根据辩护人的申请通知有专门知识的人就本案应急处置相关问题发表意见。

鉴定人认为:第一,应急处置方案针对的是已经清挖出来的废铝灰与土壤的混合物,该混合物不能直接判定为危险废物,如果按照危险废物处理需要鉴定,但鉴定费用较高,按照豁免程序来可提高经济性和实操性。第二,依据《污染场地修复技术目录》(第一批)规定,结合实际市场情况,认定本案受污染的土壤采用水泥窑协同处置的价格为1000元/吨,该价格包含运输费用。

有专门知识的人认为:第一,废铝灰的危害性主要有两个方面:一是废铝灰中含有氟,随意倾倒会对地下水造成污染;二是废铝灰与空气中的水接触后会释放氨气与氢气。废铝灰需由有相关资质的公司处置,一般采取水泥窑协同方式处置,废铝灰与土壤混合后送水泥窑处置,需要做性质鉴定,如果是危险废物,则需按照危险废物处置。第二,铝灰不会大面积燃烧,只需要用土壤把明火掩盖即可,不需要大面积的掩盖。本案在用土壤掩盖铝灰时没有做到减量化,造成污染的土壤太多。20吨废铝灰经土壤混合搅拌后,清理出的混合物应在60吨至120吨范围内,否则属于过度处置,对被告人不公平,且消耗国家资源,造成二次污染。第三，筛选后的铝灰比较细，容易漂浮，可以先用加入漂白粉的水把铝灰加湿到20%至30%，铝灰体积变小且不会再有火焰，流窜性变小。加漂白粉能消除铝灰产生的氨气、消除二次污染，且漂白粉中的钙会与铝灰中的氟反应生成氟化钙。

针对公诉机关暨刑事附带民事公益诉讼起诉人的指控、诉讼请求和被告人及其辩护人、委托诉讼代理人提出的辩解、辩护及答辩意见，结合审理查明的事实及证据，盱眙县人民法院归纳并综合评判如下：

（一）关于有专门知识的人发表的意见能否采信问题

《最高人民法院关于审理环境侵权责任纠纷案件适用法律若干问题的解释》以及《最高人民法院关于审理环境民事公益诉讼案件适用法律若干问题的解释》均规定：当事人申请通知有专门知识的人出庭，就鉴定意见或者因果关系、修复方式、修复费用等专业问题提出意见的，人民法院可以准许。当事人未申请，人民法院认为有必要的，可以进行释明。具有专门知识的人在法庭上提出的意见，经当事人质证，可以作为认定案件事实的根据。该规定为法院采信专家意见提供了明确的依据。本案中，一方面，有专门知识的人系南京理工大学环境工程学科教授（现已退休）、江苏环境科学学会首席专家（工程师）、江苏省环境损害司法鉴定机构登记评审专家库专家，从事固废处理与综合利用、环境损害评估和危废司法鉴定等专业，具有相应的资质。另一方面，有专门知识的人根据其实践中掌握的数据、结合相关规定，提出"20余吨废铝灰可以用土壤覆盖但清挖出的混合物最多不超过120吨、涉案混合物未经鉴定不能直接作为危险废物处理"等意见，经过庭审质证，合议庭审查后认为该意见具有科学性、专业性与合理性，应当予以采信。

（二）关于用400余吨土壤覆盖20余吨废铝灰的应急处置措施是否合理、必要问题

经查，废铝灰不会大面积燃烧，如果局部燃烧只需用土壤把明火掩盖即可。根据村民及挖机驾驶员证言，2019年4月23日晚涉案现场因倾倒废铝灰发散出烟雾，有刺鼻性气味，坑塘内有明火。4月24日下午检测机构、鉴定机构对废铝灰进行采样。4月27日开展现场处置，视频显示此时现场存在局部燃烧，当日22时许现场处置基本完成。环境污染事故发生后，行政机关为消除危险、清除污染、防止损害后果进一步扩大所采取应急处置的手段和方式应当予以认可，但在条件允许的前提下，仍应当以合理、适度、必要处置为基本原则。本案中，首先，相关行政机关接到报警到现场勘查后已经确定倾倒的物质系废铝灰，而对于废铝灰的处置技术即"泥土覆盖"技术相对简单且具有普适性，故相关部门对于涉案废铝灰的处置方式应当有所研判，并且该处置方式符合治污除害之目的，应予认可；其次，本案应急处置与污染事件发生间隔几天，时间上已经不具有紧迫性，

应急处置人员有充足的时间研究、制定更加合理的方案，处置时更应当遵循合理、必要、最温和方式原则且能够实现；最后，实际清挖出混合物数量是专家建议最高值的近4倍，差距过大，则充分表明处置方式与目的实现之间不合比例、不够相称。另公诉机关以淮安市淮安区环境保护局调查报告中记载的处置现场有环保专家指导为由来确认处置行为的合理性，在合议庭明确要求提供现场专家身份信息并对现场情况进行说明的情况下，公诉机关仍未能确定现场专家的具体身份，并明确表示专家不出庭。法院认为，行政机关组织人员采用土壤混合搅拌措施具有可行性，能够达到应急的效果，但使用的泥土量应当在合理、必要范围内，否则既会造成受污染的土壤过多，消耗国家资源，也会增加相应的处置费用。同时，应急处置费用作为公私财产损失的组成部分，将对被告人科以刑罚起关键作用。那么，行政机关在应急处置时应以达成目的为限，不可过度损害被告人的权利。故此次污染环境事件使用土壤搅拌后清理出混合物453.84吨属于处置过当，根据适度处置、节约资源的原则并结合专家意见，酌定此污染事件清理出混合物合理必要的数量为120吨。

（三）关于将废铝灰与土壤的混合物直接按照危险废物以2800元/吨价格委托处置是否合理问题

第一，根据《危险废物名录》（2016年版）第六条规定：危险废物与其他固体废物的混合物，以及危险废物处理后的废物的属性判定，按照国家规定的危险废物鉴别标准执行。本案中，根据被倾倒废铝灰的毒性及混合物的数量等因素，并不能当然得出混合物的属性属于危险废物的结论。行政机关对涉案的混合物实际处置的时间为2020年3月18日，而2020年1月1日正式实施的《危险废物鉴别标准通则》也明确规定具有毒性的危险废物与其他物质混合，导致危险特性扩散到其他物质中，混合后的固体废物属于危险废物。本案中废铝灰中的危险特性是否扩散到土壤中并不能直接判定。故如果对涉案混合物以危险废物进行处置，应先进行物质属性的鉴别。第二，即使涉案混合物属于危险废物，江苏省环科院制作的应急处置方案也明确载明，其转移和处置可以根据《国家危险废物名录》（2016年版）《危险废物豁免管理清单》第10条规定不按危险废物进行管理，并建议采用水泥窑协同处置方式进行处置，参照一般污染土壤水泥窑协同处置费用1000元/吨（含运费）进行估算。法院认为，行政机关在未确定涉案混合物属性的基础上，将清理出的453.84吨废铝灰与土壤的混合物直接按照危险废物处置，价格为2800元/吨，无事实依据。实际上该混合物的处置、利用可以不按危险废物进行管理，直接以受污染的土壤即1000元/吨的价格送交处置，更加合理，故本案处置价格过高，对超出1000元/吨的部分，不予认定。

（四）关于生态环境损害评估报告中未列入但已实际发生的装车列支费用（将

混合物装上运输车辆的费用）与运输费用（将混合物运输至处置单位的费用）是否应当计入应急处置费用的问题

经查，应急处置人员在实际处置废铝灰与土壤的混合物时，产生了将混合物装车列支费用与运输费用。而到庭的鉴定人明确表示生态环境损害评估报告中1000元/吨的处置费用包含运输费用但不包含装车列支费用，故实际处置中额外支付的运输费用，不属于合理、必要范围，不予支持，但装车列支费用予以支持。

（五）关于公私财产损失数额认定及附带民事公益诉讼赔偿数额认定的问题

公私财产损失包括污染环境行为直接造成的财产损失、减少的实际价值，为防止污染扩大、消除污染而采取必要合理措施包括污染场地回填等所产生的费用，以及处置突发环境事件的应急监测费用。依据江苏省环境科学研究院评估，结合实际处置情况，法院认定被告人左勇、徐鹤污染环境行为致使的公私财产损失数额如下：（1）财产损害费用3400元：清理过程中造成农户的小麦、油菜、蚕豆、蔬菜损失共计3400元。（2）应急处置费用：156489元。应急处置费用包括：①应急监测费用7200元；②清理费用20137元：应急处置人员在清理453.84吨废铝灰与土壤的混合物时产生了运土费用6600元、挖机费用10800元、购买吨袋等材料费58761元，共计76161元，而本案实际合理、必要需清理的废铝灰与土壤的混合物应为120吨，故清理费用应当认定为：76161元×（120/453.84）吨=20137元；③处置费用129152元：A.处置120吨废铝灰与土壤的混合物产生的费用：120吨×1000元/吨=120000元。B.装车列支费用9152元：将挖出的废铝灰与土壤的混合物与左勇厂房里剩余需要处置的废铝灰共计510吨装上运输车辆的费用共计38897元，故120吨混合物的装车列支费用应当为：38897元×（120/510）吨=9152元。（3）生态环境损害费用：18000元。坑塘经过应急清理后已基本消除污染，但需要进行回填恢复，填土费用18000元。以上费用共计177889元。即公私财产损失数额应当认定为177889元，未超过1000000元，不属于后果特别严重。

附带民事公益诉讼起诉人主张赔偿的生态环境损害数额包括上述公私财产损失数额，同时还包括生态环境损害赔偿鉴定及评估费用、应急方案编制费用共计400000元。综上，被告人左勇、徐鹤应当承担的生态环境损害赔偿数额共计577889元。

（六）涉案其他问题

1. 关于被告人徐鹤的辩护人所提徐鹤不具有生产及填埋危险废物的主观故意，公安机关也未查清已倾倒废铝灰的具体来源，徐鹤在共同犯罪中作用较小等意见。首先，只要行为人认识到行为具有违法性，为国家法律所禁止，即应当认定其主观上具有违法性认识，具体到本案，被告人徐鹤只要认识到其行为可能会污染环境便具有违法性认识，不需要认识到所倾倒废铝灰是危险废物，而被告人徐鹤明确供述其知道废铝灰随意倾倒会污染环境，故被告人徐鹤具有违法性认识。其次，被告人左勇、徐鹤共同实施倾倒危险废物废铝灰的行为，严重污染环境，应当承担相应的刑事及民事责任，废铝灰具体来源不影响二被告人责任的承担。最后，本案系被告人徐鹤向被告人左勇提议，并由二人共同组织、实施倾倒废铝灰，二人作用相当。故辩护人所提上述辩护意见，无事实及法律依据，不予采纳。

2. 关于被告人徐鹤的辩护人所提证人张某某系被告人左勇同学，与左勇有利害关系，其证言不应采信的意见。任何知道案情的人都有义务作证，且证人张某某的证言与被告人左勇的供述及证人刘某某等人的证言能够相互印证，应当予以采信。故辩护人此点意见，无事实及法律依据，不予采纳。

3. 关于被告人左勇、徐鹤的辩护人均提出对左勇、徐鹤宣告缓刑的意见。被告人左勇、徐鹤未经相关部门审批从事铝锭生产，后又开挖坑塘倾倒危险废物，且倾倒的废铝灰冒烟、燃烧并散发刺鼻气味，其污染环境的行为严重影响附近居民的生活，造成生态环境损害，综合考虑两名被告人的犯罪情节、手段及社会危害性，不再对被告人左勇、徐鹤宣告缓刑。辩护人此点辩护意见，不予采纳。

综上，被告人左勇、徐鹤违反国家规定，共同倾倒危险废物，严重污染环境，其行为均已构成污染环境罪。被告人左勇、徐鹤共同实施故意犯罪，系共同犯罪，且在共同犯罪中两被告人作用相当，依法均应当按照其所参与的全部犯罪处罚。被告人左勇、徐鹤犯罪以后自动投案，如实供述自己的罪行，系自首，依法均可以从轻处罚。被告人左勇、徐鹤自愿认罪认罚，均可以依法从宽处理。公诉机关指控被告人左勇、徐鹤犯污染环境罪的部分事实清楚，证据确实、充分，指控罪名成立，予以采纳。

被告人左勇、徐鹤明知随意倾倒废铝灰会污染环境，仍共同实施该行为，造成了生态环境损害，损害了社会公共利益，除应受到刑事处罚外，还应依法承担相应的民事责任，包括赔偿损失和赔礼道歉，且被告人左勇、徐鹤依法应对所造成的生态环境损害后果承担连带赔偿责任。为维护国家利益和社会公共利益，刑事附带民事公益诉讼起诉人主张两被告人承担生态环境损害赔偿责任，应予以支持，但生态环境损害数额的确定应当遵循合理、必要原则，且检察机关在提起公益诉讼时，更应当基于社会公共利益目的、公平正义立场和节约资源、保护生态环境原则，合理提出诉求、准确审查证据。

据此，为依法惩治污染环境犯罪，依照《中华人民共和国刑法》第三百三十八条，第二十五条第一款，第二十六条第一款、第四款，第六十七条第一款，第五十三条，第六十四条；《中华人民共和国刑事诉讼法》第十五条；《最高人民法院、最高人民检察院关于办理环境污染刑事案件适用法律若干问题的解释》第一条第二项；《中华人民共和国环境保护法》第六十四条;《中华人民共和国侵权责任法》第四条第一款,第八条,第十五条第一款第六项、第七项、第二款,第六十五条;《中华人民共和国人民陪审员法》第十六条;《最高人民法院关于适用〈中华人民共和国民法典〉时间效力的若干规定》第一条第二款;《中华人民共和国民事诉讼法》第五十五条;《最高人民法院关于审理环境民事公益诉讼案件适用法律若干问题的解释》第十八条,第十九条;《最高人民法院、最高人民检察院关于检察公益诉讼案件适用法律若干问题的解释》第十三条,第二十条之规定,盱眙县人民法院于2021年6月30日作出(2019)苏0830刑初534号刑事附带民事判决:

一、被告人左勇犯污染环境罪,判处有期徒刑二年,并处罚金人民币五万元。

二、被告人徐鹤犯污染环境罪,判处有期徒刑二年,并处罚金人民币五万元。

三、责令被告人左勇退出违法所得人民币13000元,上缴国库。

四、被告人左勇、徐鹤连带赔偿财产损害费用3400元、应急处置费用156489元、生态环境损害费用人民币18000元、鉴定评估等事务性费用400000元,合计577889元,于判决生效后十五日内履行。

五、责令被告人左勇、徐鹤在淮安市级媒体上向社会公众公开赔礼道歉。

六、驳回刑事附带民事公益诉讼起诉人淮安市淮安区人民检察院的其他诉讼请求。

宣判后,没有上诉、抗诉,一审判决已发生法律效力。

案例报送单位:盱眙县人民法院
一审合议庭成员:孙在桐、蒋莹莹、王玉林、张春艳、翟顺昌、陈志艺、薛　琴
报送人:蒋莹莹、马　颖、夏剑雨
审稿人:缪　芳

孟洋洋交通肇事案

【编者按】

对符合法定条件的罪犯适用缓刑，是贯彻落实宽严相济的刑事政策，实现惩罚犯罪与预防犯罪相结合，体现刑法谦抑性的必然要求。本案案件事实并不复杂，被告人违规停车后开门未注意观察，导致了一死一伤的交通事故。案件的审理难点在于量刑。在被告人犯罪后自首、认罪认罚并真诚悔罪，而被害人一方又拒不谅解、坚持要求判处实刑的情况下，法官如何通过释法说理，既解"法结"又解"心结"，充分考验了承办法官的司法智慧和裁判文书的写作水平。根据刑法规定，被害人一方是否谅解是对罪犯进行量刑进而决定是否适用缓刑的重要情节，但绝非唯一的考量因素。本案判决书在充分关注被害人家属痛失女儿的哀痛，对其予以宽慰的同时，恪守司法理性，坚持罚当其罪，从犯罪构成、责任承担和刑罚适用方面层层剖析、一一回应。特别是在论证可否对被告人适用缓刑这一争议焦点时，坚持以全案事实为依据、以缓刑适用法定条件为基准，逐一分析被告人的犯罪情节、悔罪表现、社情民意反映等因素，同时参考类案裁判情况，最终决定对被告人适用缓刑。本案一审宣判后，被告人未上诉，公诉机关未抗诉，一审判决已经发生法律效力。这份文书逻辑严谨，入情入理，体现了司法的温度与担当，被评为第四届全国法院"百篇优秀裁判文书"。

江苏省徐州市泉山区人民法院
刑事判决书

(2019)苏0311刑初359号

公诉机关徐州市泉山区人民检察院。

被告人孟洋洋，女，××××年×月×日生，汉族，大学专科文化，无业，住徐州市泉山区。因涉嫌犯交通肇事罪于2019年7月12日被取保候审。

辩护人王勇，江苏苏旭律师事务所律师。

辩护人张子玉，江苏苏旭律师事务所

实习律师。

被害人暨被害人蒋某的法定代理人睢某,女,××××年×月×日生,无固定职业,住徐州市泉山区。系被害人蒋某母亲。

被害人蒋某的法定代理人蒋某1,男,××××年×月×日生,住徐州市泉山区。系被害人蒋某父亲。

共同委托诉讼代理人张涛,江苏昭鹏律师事务所律师。

徐州市泉山区人民检察院以泉检未刑诉〔2019〕9号起诉书指控被告人孟洋洋犯交通肇事罪,向本院提起公诉。本院依法组成合议庭,公开开庭审理了本案。徐州市泉山区人民检察院指派检察员李香出庭支持公诉。被害人的法定代理人蒋某1及诉讼代理人张涛、被告人孟洋洋及其辩护人王勇到庭参加诉讼。案件审理期间发生新冠肺炎疫情,依法中止了案件审理,后恢复审理。现已审理终结。

公诉机关指控:

2019年4月21日7时许,在本市泉山区嘉美路碧水湾小学西侧,被告人孟洋洋驾驶苏C×××××号小型轿车临时停靠,打开左侧前门时将骑电动自行车经过该处的睢某、蒋某(2005年×月×日生)母女二人撞倒在地,驾驶苏C×××××号小型轿车的张某随即碾压到蒋某。被害人睢某、蒋某不同程度受伤。蒋某经抢救无效于当日死亡。经鉴定,蒋某系交通事故致肺脏、脾脏、肾脏等脏器损伤,大失血死亡。经徐州市公安局交通警察支队泉山大队认定,被告人孟洋洋承担事故的全部责任,张某及睢某、蒋某不承担事故责任。

案发后,被告人孟洋洋电话报警后在现场等候处理,到案后自愿如实供述自己的罪行。

公诉机关就指控的事实,提供了被害人睢某的陈述,被告人孟洋洋的供述和辩解、证人张某等人的证言以及现场勘查笔录和照片、视听资料,鉴定意见、事故责任认定书等证据。公诉机关认为对被告人孟洋洋应当以交通肇事罪追究刑事责任,并具有自首情节且认罪认罚。

被告人孟洋洋对指控事实及罪名无异议,并当庭向被害人及其家人道歉悔罪。其辩护人的辩护意见是对公诉机关指控罪名无异议,但被告人孟洋洋交通肇事因推车门发生事故与驾驶车辆中直接发生事故相比,主观过失情节较轻,本起事故是被告人孟洋洋开车门,他人又开车碰撞而结合造成,且被害人睢某违反道路交通安全规定,骑行电动自行车搭载超过12周岁的人员,具有一定过错,交警部门认定被告人孟洋洋承担事故全部责任不妥;孟洋洋具有自首情节,积极赔偿损失,自愿认罪认罚,确有悔罪表现,请求法院对孟洋洋判处缓刑。

被害人的法定代理人及诉讼代理人认为被告人孟洋洋的行为具有严重的社会危害性,并对孟洋洋的行为不予谅解,请求法院对其依法判处两年半以上有期徒刑,且不能适用缓刑。

经审理查明:

2019年4月21日7时41分许,被告人孟洋洋驾驶苏C×××××号小型轿车行驶至徐州市泉山区嘉美路碧水湾小学西侧，违规将车辆临时停靠在道路北侧的禁停区域内，打开驾驶室车门欲下车时未注意观察，适遇睢某骑行电动自行车搭载其女儿蒋某（2005 年 × 月 × 日生）沿道路右侧由东向西经过而被碰撞倒地，此时张某驾驶苏 C × × × × × 号小型客车同方向行驶随即赶到而再次相撞发生事故，致被害人睢某、蒋某受伤。120 急救车接急救电话后，赶到现场将睢某、蒋某送徐州市中医院抢救，睢某受伤较轻，蒋某经抢救无效于当日死亡。经法医学鉴定，蒋某系交通事故致肺脏、脾脏、肾脏等脏器损伤，大失血死亡。经徐州市公安局交通警察支队泉山大队认定，被告人孟洋洋承担事故的全部责任，张某及睢某、蒋某不承担事故责任。

事故发生后，被告人孟洋洋当即电话报警，并在事故现场等候交通警察处理，到案后如实供述了自己的犯罪事实。案发后，被告人孟洋洋先行支付医疗费、丧葬费合计人民币 80000 元。

上述事实，有下列经庭审举证、质证，本院予以确认的证据证实：

1. 书证，被告人孟洋洋的驾驶证复印件及驾驶证，经公安机关查询信息证明了孟洋洋于 2014 年 10 月 23 日初次领取驾驶证，准驾车型 C1；机动车登记信息证明了被告人孟洋洋事故发生时驾驶的苏 C × × × × × 号小型轿车，车辆品牌为国产“马自达”，车辆颜色为白色，登记车主为王某，车辆状况正常。书证阳光保险集团机动车保险单证明了苏 C × × × × × 号小型轿车在该集团购买了机动车交通事故责任强制保险及保险金额为 100 万元的第三者责任保险，事故发生时在投保期限内。

2. 证人张某的证言，证明 2019 年 4 月 21 日早上 7 点多，其从家庭所在地的徐州市文泰康城小区驾驶苏 C × × × × × 号小型客车出发去上班，沿徐州市嘉美路自东向西以 30 多公里每小时的车速正常行驶至碧水湾小学门口时，看到有一个中年妇女骑电动自行车带一个小女孩在其车辆右前方同向行驶，其准备超过电动车时，这辆电动车突然向左侧倒地，其立即打方向急忙避让，但因距离太近，感觉自己的车辆还是从电动车上轧了过去，随即停车观察，下车看到电动车倒地，旁边有两个人，一个是中年妇女，当时坐起来，还有一个是小女孩，当时她还有知觉，便急忙打 110 报警，其他人打了 120 急救电话。这时旁边的一个年轻妇女说她把车停在路边，开车门时把电动车碰倒，张某这时看到路边有一辆白色轿车。约 20 分钟后，120 急救车先到现场，把中年妇女和受伤的小女孩拉走。又过一会儿，交警到达现场勘查后，把其车辆和那个年轻妇女的车辆拖走，并让二人到交警队接受调查。事故发生后，民警调取其车上的行车记录仪，看了事故发生的经过，是那辆白色轿车开车门把电动车碰倒，然后发生了事故。事故造成中年妇女和小孩受伤，小女孩送到医院抢救无效当天死亡。

3. 被害人睢某的陈述，证明其在 2019 年 4 月 21 日早上 7 点多，骑电动自行车带其女儿蒋某沿徐州市嘉美路自东向西正常骑行到碧水湾小学门口时，停在路边的一辆白色轿车驾驶室车门突然打开，其来不及躲避，被车门碰倒，然后其晕倒，等清醒过来时发现周围很多人，看到女儿倒在地上不省人事，后来120急救车来了，将其和女儿送到徐州市中医院，其女儿伤势严重，抢救无效于当日死亡。

4. 被告人孟洋洋的供述与辩解，证明2019年4月21日早上7点多，其驾驶的苏C×××××号白色“马自达”小型轿车，停在徐州市嘉美路碧水湾小学门口西侧10米左右的路边，其车辆停在画着黄色网状线的车道内，准备下车去买早点，打开车门时没有观察，就直接开门，碰到了由东向西行驶的一辆电动自行车，这辆电动自行车倒地后，又与一辆由东向西行驶的白色SUV客车碰撞，电动自行车上的两人受伤。SUV车上下来两个人。其打电话报警并叫了救护车，对方那辆车也打电话报警和叫急救车。过了一会，120急救车先到现场，把骑电动自行车的两个女的送到医院抢救。然后交警到了现场，勘查现场后将其车辆和SUV车均拖走，把两辆车的驾驶员带到交警队询问。事故发生后，小女孩抢救无效于当天死亡，其向对方支付了1万元医疗救治费用及7万元的丧葬费用，也曾积极联系死者亲属，但他们不愿意与其见面，就和对方委托的律师联系，想争取获得他们的谅解。

5. 道路交通事故现场图、现场勘查笔录及照片，证明了事故发生现场情况。事故发生于徐州市泉山区嘉美路碧水湾小学门前，属于一般城市道路的普通路段，标注了苏C×××××号小型轿车、苏C×××××号小型客车及电动自行车的现场位置情况，其中苏C×××××号小型轿车停靠在路边黄色网状格内，左前车门有碰撞痕迹，旁边有一倒地电动自行车；苏C×××××号小型客车停在道路中间右前侧叶子板有碰撞痕迹。公安机关提取了苏C×××××号小型客车的汽车行驶记录仪数据。

6. 视听资料及鉴定意见，公安机关提取张某驾驶的苏C×××××号小型客车行车记录仪摄录的车辆行驶过程中的录像视频资料，证明了张某驾驶车辆行驶中的路况和车速，事发前车辆在道路标线范围内正常行驶，睢某骑行电动车在其右前方，事发时间为2019年4月21日上午7时41分57秒至58秒，停在道路右边的车辆突然打开驾驶员座位车门，将睢某骑行的电动车直接碰倒，张某驾驶车辆随后赶到而发生事故等情况，事发当时行车速度为37－38公里/小时。江苏淮工车辆检测研究院有限公司司法鉴定所的司法鉴定意见书，证明了事故发生前苏C×××××号小型客车的车速约为37公里/小时。

7. 徐州市公安局交通警察支队物证鉴定室徐公交物（尸检）字〔2019〕93号法医学尸体检验鉴定书及尸检照片以及户籍资料、死亡证明、殡葬证明等，证明了蒋某出生于2005年×月×日，因2019年4月21日发生车祸经送徐州市中医院抢救无效于当日死亡。经法医鉴定，死者蒋某系交通事故致肺脏、脾脏、肾脏等脏器损伤，大失血死亡。

8. 徐州市公安局交通警察支队泉山大队道路交通事故认定书（第320×××号）

及情况说明，证明该起事故因孟洋洋在停车开门时妨碍道路内正常行驶的车辆，致交通事故发生，是造成交通事故的原因，孟洋洋承担事故的全部责任，睢某、蒋某、张某不承担事故责任，并就事故责任认定的依据进行了说明。

9. 受案登记表、立案决定书、强制措施文书及相关告知书、查获经过、到案证明，户籍身份信息证明材料等，证明了事故发生后孟洋洋电话报警并在现场等候处理以及本案的受理情况，处理过程，被告人身份信息、现实表现等。其中，卷宗内公安机关提供的户籍信息证明，被告人孟洋洋的住址实际应为“徐州市泉山区中能科技园×号楼×单元××室”，公诉机关的起诉书在户籍信息证明中并无“徐州市云龙湖风景区”，却表述为“徐州市云龙湖风景区中能科技园×号楼×单元××室”不妥，本院予以更正。

本案审理期间，蒋某1、睢某提起刑事附带民事诉讼，后又撤回附带民事诉讼，另行在本院提起民事诉讼，本院作出（2019）苏0311民初5799号民事判决，原告蒋某1提出上诉至江苏省徐州市中级人民法院，因二审期间出现新情况，二审法院撤销（2019）苏0311民初5799号民事判决书，将该案发回重审。发回重审后，原告蒋某1、睢某要求被告孟洋洋、王某及阳光财产保险股份有限公司徐州中心支公司赔偿死亡赔偿金1049200元、丧葬费42344元（84688每年/2）、医疗费1166.86元（其中有睢某的医疗费）、亲属处理丧葬事宜费用5000元、精神损害抚慰金100000元，合计1196544元，扣减被告孟洋洋已经支付的80000元和平安保险公司已经支付的无责赔付11000元，本次诉请赔偿费用为1105544元，并要求精神损害抚慰金100000元由被告阳光保险公司在交强险范围内优先支付。本院经审理后依法作出（2020）苏0311民初3061号民事判决，认定医疗费为1166.86元、死亡赔偿金1049200元、丧葬费42344元、近亲属处理丧葬事宜费用5000元，合计1097710.86元，扣除交通事故中张某驾驶车辆无责保险赔付款11000，剩余数额1086710.86元应由阳光保险公司赔偿；孟洋洋对于其先行支付的赔偿款80000元可不予处理，鉴于原告坚持要求此80000元从保险公司应赔偿款中予以扣除，故阳光保险徐州公司还应赔偿1006710.86元；原告诉请的精神损害抚慰金鉴于孟洋洋已被提起公诉而追究刑事责任，根据相关司法解释不应支持赔偿精神损失，但孟洋洋自愿承担精神损害抚慰金50000元，依法予以确认。宣判后，原告认为作为机动车交通事故纠纷的民事诉讼，根据司法解释规定驾驶机动车致人伤亡或者造成公司财产重大损失，构成犯罪的，依照《中华人民共和国道路交通安全法》第七十六条的规定确定赔偿责任，并非对精神损害抚慰金不予支持，而应由保险公司在保险责任限额内予以赔偿，法院确认50000元精神损害抚慰金由孟洋洋承担不当而提出上诉；被告阳光财产保险股份有限公司徐州中心支公司认为判决计算死亡赔偿金计算基数错误以致认定数额为1049200元错误，实际应为973080元等为由提出上诉。

刑事案件审理过程中，被告人孟洋洋向本院缴纳了人民币120000元（包含一审民事判决由孟洋洋承担的50000元精神损害抚慰金），作为对被害人及其法定代理人的赔偿、补偿。被害人的法定代理人蒋某1向法庭提交了书面意见书，表示拒绝接受被告人的补偿，对被告人的犯罪行为坚决不予谅解，要求法院不得将被告人自愿补偿的情节作为从轻、减轻处罚的理由，也不能对被告人判处缓刑。

案件审理过程中，被告人孟洋洋针对自己无视交通规则，导致事故发生，先后主动到驾校及社区，现身说法，以警示他人强化交通规则意识，严格遵守交通法规。本院依法通知公诉机关及被害人法定代理人的委托诉讼代理人查看相关视频资料，并要求委托诉讼代理人通知其当事人可以查看相关视频资料。公诉机关对视听资料的真实性无异议；经本院通知后，被害人法定代理人及委托诉讼代理人未到法庭查看视频资料，委托诉讼代理人认为被告人孟洋洋的事后行为不能成为影响量刑的情节。

本院对孟洋洋的社会表现等情况依法委托社区矫正机构进行了社会调查，社区矫正机构认为其符合社区矫正条件。

依据庭审查明的事实、证据，根据法律规定，本院对案件争议焦点及定罪量刑等问题，分别评判如下：

一、被告人孟洋洋是否应当承担事故全部责任问题

辩护人提出本案是孟洋洋的开车门行为与张某驾驶的车辆碰撞被害人行为相结合造成了事故的伤亡后果，且睢某骑行电动自行车搭载其女儿蒋某，蒋某已经超过12岁，违反了《江苏省道路交通安全条例》第45条“自行车、电动自行车只准搭载一名十二周岁以下的人员”的规定，具有一定过错，交警部门认定孟洋洋承担事故全部责任不妥，且道路交通事故责任认定书从内容和形式分析更符合鉴定意见的特征，鉴于交通民警不具有鉴定人资格，应属于有专门知识的人出具的意见，并不具有当然法律效力的辩护意见。经查，根据《中华人民共和国道路交通安全法》《中华人民共和国道路交通安全法实施条例》《道路交通事故处理程序规定》等法律法规，道路交通事故责任认定书是公安交通管理部门对交通事故进行现场勘察、技术分析和有关检验、鉴定，分析查明交通事故的基本事实、成因，依照交通法规对交通事故当事人有无违章行为，以及对违章行为与交通事故损害后果之间的因果关系进行定性、定量评断，对当事人责任认定时所形成的文书材料。出具道路交通事故责任认定书既是法律对公安交通部门履行法定职责的要求，也是分清事故责任，以便对肇事者作出正确恰当的处理，确定是否追究肇事者刑事责任和损害赔偿的重要依据。按照道路交通事故责任认定书的形式及载明的内容，显示其具有书证的特性，且由公安机关依法制作，具有法律效力，当属公文书证范畴。作为诉讼证据，其客观性、关联性、合法性等当然必须经过庭审质证确认。本案的道路交通事故认定书，系公安交通管理部门接到报警后，交通民警进行现场

勘查，收集了与事故相关证据，依法委托鉴定，根据相关法律、法规和规定，经集体研究认定，该起事故因孟洋洋在停车开门时妨碍道路内正常行驶的车辆，致交通事故发生，是造成交通事故的原因，孟洋洋承担事故的全部责任，睢某、蒋某、张某不承担事故责任，公安机关将责任认定文书依法送达相关当事人，告知了权利义务，符合法定程序要求。公安交通管理部门就责任认定依据出具了详细说明，并认为："孟洋洋开车门时直接碰到了睢某在属于其路权范围内骑行的电动自行车，未给睢某采取观察和减速制动的时间和空间，即便睢某骑车搭载的人员年龄在 12 周岁以下，该起事故依然会发生，因此睢某所搭载人员的年龄大小与该起事故是否会发生没有直接因果关系，不应当承担事故责任，睢某骑车搭载超过 12 岁人员的违法行为另行处理"；根据行车记录仪记载和委托鉴定意见，张某驾驶的苏 C×××××号小型客车在事发路段时速为 37 公里，符合《中华人民共和国道路交通安全法实施条例》第四十五条第二项的规定，即同方向只有一条机动车道的道路，城市道路为每小时 50 公里，公路为每小时 70 公里，张某驾驶车辆行驶时并未超规定时速，且在事故发生瞬间采取了紧急避让措施，尽到了避险责任，张某在该起事故中无违法行为，不应承担责任。本案所涉的道路交通事故认定书以及就责任认定所作的说明依据充分，且符合法律法规的规定，具备证据的客观性、关联性、合法性要求，能够证明本案事实，本院依法予以确认作为认定案件事实的证据。辩护人的该辩护观点不能成立，本院不予采纳。确认被告人孟洋洋承担本起事故全部责任的同时，法庭评议认为，针对车辆驾驶人停车开车门不注意观察撞击他人而发生事故与驾驶车辆中因违章直接发生事故相比概率确实更小的客观现实，辩护人提出的关于被告人孟洋洋因开车门撞击他人发生事故与驾驶车辆违章而直接发生事故相比的主观过失相对较轻的辩护意见亦有一定道理。

二、对被告人孟洋洋如何适用刑罚问题

本案中，对于被告人孟洋洋的行为构成交通肇事罪控辩各方均无异议，而如何量刑则成为争辩焦点。公诉机关认为被告人孟洋洋具有自首情节，提起公诉时提交了被告人孟洋洋签署的认罪认罚具结书，其辩护人亦在具结书上签字认可，开庭审理中公诉机关提出了二年以上三年以下的量刑意见，法庭要求就量刑意见的依据及所提取的具体量刑要素和刑罚量予以明确，再次开庭公诉机关又变更为有期徒刑一年半以上二年以下，并慎用缓刑的量刑建议；本院就量刑问题进行专门听证，并建议公诉机关按照认罪认罚的相关规定提出精准量刑建议并对是否可以适用缓刑予以明确，公诉人认为对被告人孟洋洋适用缓刑符合法律规定；庭审后，公诉机关根据庭审查明的事实证据及相关量刑情节又调整量刑建议为有期徒刑一年二个月至二年。

被告人孟洋洋愿意尽最大努力予以赔偿补偿，当庭向被害人亲属表示道歉，并接受法律处罚，请求法院从轻从宽处罚并给其悔罪改过的机会；其辩护人认为被告人孟洋洋具有自首情节，积极赔偿，自愿认罪认罚，确有悔罪表现，应当从轻、减轻处罚，具备缓刑条件，依法应予宣告缓刑。

被害人的法定代理人认为被告人孟洋洋的行为破坏了其原本幸福的家庭和对美好生活的憧憬，其夫妻二人不能接受失去女儿的惨痛现实，拒绝接受被告人的补偿请求，对被告人的犯罪行为坚决不予谅解，对孟洋洋不能适用缓刑，而应从重判处两年半以上实刑；诉讼代理人认为被告人在学校门口停车具有较大的社会危害性，导致蒋某1、睢某唯一孩子的死亡，几乎使夫妻二人失去对生活的希望，造成了严重精神伤害，尽管被告人孟洋洋愿意赔偿补偿，但金钱不能摆平一切，且被害人家庭拒不接受其金钱的补偿，对其行为绝不谅解，根据查询案例被害人不予谅解的交通肇事罪案件不能适用缓刑，因此对孟洋洋应判处两年半以上的实刑，以起到震慑和警示作用。

“车祸猛于虎”并非虚言，交通事故往往造成人员伤亡、重大财产损失，血淋淋的场面确实令人惊骇与警醒。每一起致人伤亡的交通事故，都会造成一个乃至几个家庭的支离破碎，法官审理这样的案件也着实心痛。蒋某1、睢某夫妇本来生活平安祥和，充满欢乐，但由于被告人孟洋洋缺少规则意识，先是违规在路边黄色网格线的禁停区域内临时停车，开车门时又疏于观察而发生事故，致正值花样年华的蒋某不幸罹难，与父母家人阴阳两隔，蒋某1、睢某夫妇人到中年，痛失独生女儿，美好家庭于一夕之间破碎不全，其心也痛、其情也哀。然逝者不能复生，生者仍需前行，怨艾和仇恨都不能消弭内心之哀痛，唯有将时间与宽宥作为疗伤剂，慢慢抚平心底悲戚，方可使家庭趋于正常，生活步入正轨，亦是对逝者的告慰。法庭在开庭时对逝者表达了哀痛，案件审理期间也多次对蒋氏夫妇进行了劝解和安慰，希望其能早日走出失女之殇痛，重新开启自己的生活。基于对女儿的疼爱与怀念，及警示他人不再发生类似事故，蒋氏夫妇要求对肇事者从重处罚的心情，法庭能够理解。然职责所系，法官审理案件不能为感情所左右，必须依据事实、证据和法律，客观全面地裁判案件，感性的同情理解不得影响理性的思维判断。

本案中，被告人孟洋洋违反交通法规，导致发生一人死亡的交通事故，应承担刑事责任毋庸置疑；但其犯罪后自首、认罪认罚、当庭悔罪道歉，在民事赔偿的基础上愿意尽力给予补偿，以求得到宽恕和谅解，且到社区、驾校等处现身说法，以己之罪过警示教育他人，也是不争的事实。固然金钱再多，也换不回孩子的青春无限，可是人死不能复生，悔罪道歉、赔偿补偿、警示社会或许是交通肇事者为数不多的救赎途径。如前所述，被害人的法定代理人痛失独生爱女，其情可鉴；对肇事者的痛恨心情，人皆能知；要其对肇事者予以谅解乃至达成和解自是困难。当然，被告人孟洋洋在事故发生后，多是通过中间人转达斡旋，或是联系对方委托的律师表述意见，没有直面现实，直到开庭前也未能直接向被害人的父母当面忏悔谢罪，孟洋洋亦应因此而愧疚。诉讼代理人在庭审中提出了经查询相关案例对交通肇事案件不能获得被害方谅解，均未适用缓刑，并提交了相关案例，请求法庭对被告人判处两年半以上实刑的意见，法庭予以高度关注；法庭通过公开的裁判文书进行类案查询，查明交通肇事罪案例中被害人一方不谅解，对肇事者判处实刑、适用缓刑的案件兼而有之，不谅解的原因亦多是因肇事者不能赔偿或未足额全部赔偿；被告人的辩护人亦提交了交通肇事罪中未获得谅解而对被告人判处缓刑的案例；因此委托诉讼代理人所谓查询的交通肇事罪中不谅解案例均被判处实刑的说法当属以偏概全，其认为只要被害人一方不谅解就不能判处缓刑的意见失之偏颇。根据《中华人民共和国刑法》第六十一条的规定，对犯罪分子确定刑罚的依据是犯罪的事实、犯罪的性质、情节和对社会的危害程度，并按照刑法的规定予以判处。被害人一方的谅解、和解是对犯罪人确定刑罚进而决定可否适用缓刑的重要量刑情节，但绝非唯一考量因素。法院裁判案件既要依法维护被害人一方的合法权益，也要依法保障被告人的诉讼权利，并兼顾衡平社会公共利益。亦如诉讼代理人所言“金钱不可能摆平一切”，即使足额乃至超额赔偿补偿，被害人一方也予以谅解和解，如果被告人的犯罪情节恶劣，不符合缓刑条件，法院也不会判决适用缓刑；如果被告人的犯罪情节符合缓刑适用条件，也不能因为被害人一方的不予谅解就拒绝对被告人适用缓刑。律师作为法律职业共同体成员，无论是以辩护人还是以委托诉讼代理人的身份出席法庭，既要依法全面维护所委托当事人的合法权益，也要从司法公正的角度出发，发表符合客观实际和法律规定的意见，提出的量刑请求应当符合量刑规范。

为了使本案的量刑公开公平公正，法庭公开开庭审理案件时就量刑问题专门进行了法庭调查，按照量刑规范化的程序步骤组织了法庭辩论，就量刑中起刑点和基准刑的确定、量刑要素的提取、量刑幅度的运用，以及是否适用缓刑，让控辩各方充分发表意见，法庭对量刑规范化的相关问题进行了释明。根据《江苏省高级人民法院〈关于常见犯罪的量刑指导意见〉实施细则》（2017 年 8 月）规定，对于交通肇事犯罪死亡一人或重伤三人，负事故全部责任的，在一年六个月至二年确定量刑起点，公诉机关考虑被害人的法定代理人未予谅解的情形，提出量刑起点为二年（24 个月）的建议，本院予以确认并作为基准刑。在确定基准刑以后，按照量刑规范化的要求提取量刑要素，确定刑罚量。根据实施细则规定，对于交通肇事罪的被告人具有自首且认罪认罚情节可以减少基准刑的 30%以下，本院确定减少基准刑的 20%；对于积极赔偿但没有取得谅解的，基准刑在三年以下的可以减少基准刑的 30% 以下，本院确定减少基准刑的 15%，据此得出宣告刑为 16 个月，因此公诉机关调整后的量刑建议及可以适用缓刑的意见符合相关规定，本院予以支持。被害人的法定代理人及其委托诉讼代理人关于对被告人孟洋洋判处有期徒刑二年六个月以上的意见，不符合《江苏省高级人民法院〈关于常见犯罪的量刑指导意见〉实施细则》的规定，本院不予采纳。

为了保证案件在依法处理的基础上更加贴近民意，符合“常情、常理、常规”，使法院判决契合人民群众的朴素情感，本院在委托社区矫正机构进行社会调查后，组织了人大代表、政协委员参加的量刑听证，听取了代表委员的意见，又专门到被告人住所地亦是被害人的法定代理人居住地所在社区，听取群众意见。经过代表委员听证以及基层组织收集民意，认为本案被告人一时疏忽导致事故发生，给两个家庭带来了痛苦和灾难，教训是深刻的，足以让被告人铭记终生；事故的发生也反映出被告人孟洋洋缺乏规则意识，先是在禁停区域随意停车，在打开车门时又不按照交通法规的规定注意观察，导致事故发生，此类事故应引起社会关注，被害人的法定代理人认为以此案件警示他人的观点应予认同；被害人的父母年过四十，确实难以接受失去独生女儿的残酷事实，非常值得惋惜和同情，其对肇事者不予谅解的心情也能够理解，但人死不能复生，还是应该面对现实去生活；本案毕竟是过失犯罪，被告人也已赔偿、补偿，还有自首认罚情节，本着“惩前毖后、治病救人”的原则，对被告人适用缓刑，也可以起到警示教育作用。

法院审理案件，个案裁量刑罚及决定刑罚执行方式，在做到罪责刑相一致的同时，一般还应当与类案裁判规则保持一致，法庭通过类案系统查询未检索到交通肇事犯罪案件致一人死亡负事故全部责任，法定刑在三年以下，被害人一方可以获得足额赔偿后，被告人又予以赔偿补偿，并有自首认罪认罚等情节，因被害人一方不予谅解就不适用缓刑的案例。法院量刑既要考量被害方不予谅解的态度，也必须根据案件的犯罪事实、性质、情节和对于社会的危害程度及犯罪人认罪悔罪的表现等，做到宽严相济、罚当其罪。如果抛开犯罪的事实、性质、主观罪过以及被告人赔偿补偿、自首悔罪、认罪认罚等情节，主要关注被害人一方不予谅解的情形，而确定案件能否适用缓刑，也容易引发社会公众对裁判本身的质疑，还会造成类案裁判的冲突；今后亦可能产生对此类案件的处理使当事人及社会公众更加关注被害人一方是否谅解的态度，而非案件事实以及自首认罪、积极赔偿等情节的社会导向。刑罚的目的是预防犯罪，并非为了惩罚与报复，通过刑罚的施治，达到防止犯罪人再犯罪的特殊预防和威慑他人的一般预防效果，实现刑罚的震慑警示、教育感化、安抚补偿和强化规范意识等功能。我国刑法确定了缓刑制度，对于被判处拘役或者三年以下有期徒刑，犯罪情节较轻，有悔罪表现，没有再犯罪的危险，对所居住社区没有重大不良影响的犯罪人，可以确定一定的考验期限，暂缓刑罚的执行。根据《中华人民共和国社区矫正法》的规定，对于判处缓刑的罪犯在缓刑考验期内依法实行社区矫正，社区矫正也是刑罚的执行方式，蕴涵着刑罚的惩罚性和恢复性的双重价值，并非只有收监服刑才是对犯罪人予以处罚。

本院认为，被告人孟洋洋违反交通运

输管理法规，因而发生重大交通事故，致一人死亡，负事故全部责任，其行为已构成交通肇事罪，依法应处三年以下有期徒刑或者拘役。公诉机关指控的事实、罪名成立，本院予以确认。被告人孟洋洋犯罪以后主动报警，并在事故现场等候民警处理，到案后如实供述犯罪事实，符合自首的构成条件，并自愿认罪认罚，依法予以从轻从宽处罚。辩护人关于被告人孟洋洋具有自首情节，自愿认罪认罚，并赔偿补偿被害人损失，请求从轻处罚的意见，符合本案事实和法律规定，本院予以采纳。被害人亲属的损失在民事诉讼中根据车辆保险等可以得到足额赔偿，被告人孟洋洋又自愿赔偿被害人亲属损失，尽管被害人亲属予以拒绝，并对被告人孟洋洋的犯罪行为不予谅解，但孟洋洋主动自愿赔偿补偿的行为亦是其悔罪认罚的具体体现，仍然可以作为从轻处罚的情节考量。被告人孟洋洋所犯之罪为过失犯罪，主观恶性较小，且系法定刑为三年以下有期徒刑或拘役，属轻罪范畴，在交通肇事犯罪过程中没有无证驾驶、酒后驾驶及肇事逃逸等不宜适用缓刑的恶劣情节，根据其犯罪事实、情节和认罪悔罪表现，结合社区考察及听证意见，对其适用缓刑没有再犯罪的危险，宣告缓刑对所居住社区没有重大不良影响，经全面考量、综合评判认为被告人孟洋洋所犯之罪符合缓刑适用条件，依法予以宣告缓刑。被害人的损失经法院民事判决可获赔偿，被告人孟洋洋又自愿交到法院人民币 120000 元（包含一审民事判决由孟洋洋承担的 50000 元精神损害抚慰金在内），作为对被害人法定代理人的赔偿补偿，本院依法予以确认。判决意见是对全案事实证据，犯罪情节后果予以整体把握和细致分析，不受任何一方当事人影响，并在充分考量社情民意反映、类案裁判情况的基础上，居中裁量，认真审慎作出的评议判断。因思维方式、价值取向、利益取舍、位置角度等各不相同，判决结果不能为所有人认同、接受亦在所难免，法庭期冀判决能够得到当事人和社会的理解与尊重。

综上，根据被告人孟洋洋的犯罪事实性质、主观过失程度、肇事具体情节、社会危害后果以及其认罪悔罪表现等，依照《中华人民共和国刑法》第一百三十三条，第六十七条第一款，第七十二条第一款，第七十三条第二、三款；《中华人民共和国刑事诉讼法》第十五条之规定，判决如下：

被告人孟洋洋犯交通肇事罪，判处有期徒刑一年四个月，缓刑二年。

（缓刑考验期限，从判决确定之日起计算。）

如不服本判决，可在接到判决书的第二日起十日内，通过本院或者直接向江苏省徐州市中级人民法院提出上诉。书面上诉的，应当提交上诉状正本一份，副本二份。

审　判　长　陈思田
审　判　员　孙　通
人民陪审员　曹继军
二〇二〇年九月十八日
书　记　员　赫子鸣